料理と科学のおいしい出会い

分子調理が食の常識を変える

JN079536

石川伸一

DOJIN文庫

イラスト／石川蕑子

文庫版によせて

二〇一四年に出版された『料理と科学のおいしい出会い』がきっかけで、文字通り料理人の方々や科学者の方々と素晴らしい出会いをさせてもらうことができました。それらの出会いは後に、二〇一六年に「分子調理研究会（molcookingsoc.org）」を創設することにもつながりました。さらに、料理や科学だけでなく、芸術関係、テクノロジー関係、哲学関係など、多くの方々との交流が日々広がり、食の科学の知見がさまざまな分野で求められていることを身にしみて感じています。この書籍は七年前に書いたものですが、本の内容は現在の社会で知っておくべき基本的知識として、ますます重要になっていきます。料理の世界における科学的知見の需要は今も伸び続けています。

地球規模の気候変動や環境変化、また、テクノロジーによるイノベーションなどのスピードや度合いが、年々激しくなっているように感じる方は少なくないことでしょう。これらにともなって、私たち人類規模での食べ物や調理法が大きく変わっていくことは、容易に予想できます。一方で、生きるために必須である食の予測が難しいことに、漠然と不安と期待の両方の感情を抱いている人も多いのではないでしょうか。

深い霧の中を走る時、フォグランプがあると行く先の視認性が上がり、より冷静な対応をとることができます。この本の内容が、変化する食の世界の中を進みやすくする手立てになればと思います。さらに、これからの食に関わる人、すなわち食をつくる人や食べる人、みなさんにとって、新たな食の世界との幸せな出会いの一助になれたなら、これほど嬉しいことはありません。

はじめに

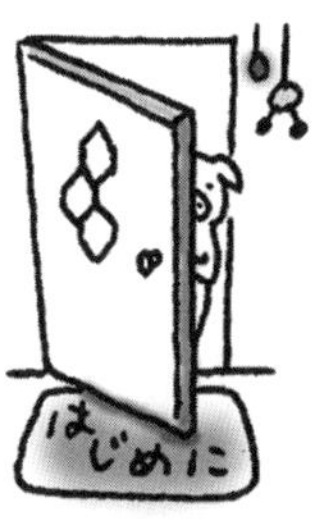

私が小さい頃、家は貧乏で、一個の卵を姉と分けあって「卵かけごはん」を食べていました。三歳年上の姉は、まだ純粋で無垢《むく》な私に「先に卵かけてあげるからね」といって、あまりおいしくない〝きゅるきゅる〟とした白身をかけ、自分はおいしい黄身の部分を多く食べていました。

それから二十数年後、私は大学で「食」の研究者になり、「卵」を研究対象に選んでいました。卵を研究するようになってから、姉はいいました。

「あんた、小さい頃、おいしい卵かけごはんを食べられなかったから、潜在的に卵に興味を持ったんだろうね」

その貧乏だった子供の頃、テレビのアニメーションの中で描かれていた「未来の料理」は、カード食やチューブ食、カプセルのような「宇宙食」をイメージさせるものや、電子レンジのようなものからいきなり完成した料理が登場するものでした。一九八〇年代、キラキラした未来をイメージしていた二一世紀。そのときの料理はどんなものになるのか、人一倍食い意地が張っていた少年は、見たことのない「未来の食」に胸をふくらませ、お腹をへこませていました。

その二一世紀に突入し一〇年以上が経ちましたが、私の普段の食事は、二〇世紀と同じように、ごはんを食べ、味噌汁を飲み、朝は〝全卵〟を使った卵かけごはんを食べています。一方で、一九九〇年代から今日まで、海外のレストランなどでは「分子ガストロノミー」または「分子料理法」といった、それまでになかった手法による料理が注目されるようになりました。

〝分子〟には、物理学、化学、生物学、工学などといった〝科学的な視点〟が込められており、科学的な手法によって、従来にはなかった新しい料理を創造しようとする取り組みです。国内外の一部のレストランでは、これまで科学の実験室で使われてきたような器具を使って、誰も体験したことのない斬新な料理が生み出されました。客は、それらの料理にモダンさとその先の〝未来〟を見たでしょう。

前衛的なレストランでは、新しいテクニックを駆使してつくられた料理が大きく進化しているのに対し、普段私たちが食べている料理は大して変わっていないように見えます。しかし、スーパーマーケットで買う食材や、ファミリーレストランのメニューなどは昔と比べると格段においしくなっています。最新の炊飯器で炊くごはんのおいしさなどは驚嘆ものです。さらに昔からある伝統的な料理も、たくさんの〝実験〟によって、「おいしさの最適化」が行われています。

このように、おいしい料理の解明や新しい料理の開発には、科学のメスが入っています。本書で、そんな「料理と科学のおいしい世界」を一緒に味わっていただけたらと思います。

目次

第5章　「おいしすぎる料理」の科学

第1章
「料理と科学の出会い」の歴史

一　料理人が「科学」に出会うとき

◉料理の世界にやってきた〝分子〟の流れ

貧乏理系学生の料理生活

私が大学生時代、お金はなかったものの、料理が好きだったので、朝と夜、毎日家で節約料理をつくっていました。さらに、お菓子づくりが趣味の男性の同級生に触発され、週末、家でケーキやパンなどもつくるようになりました。今でいう完全なる「料理男子」でした。

お菓子をつくってみると、基本レシピどおりにすれば、それなりにおいしくできることがわかりました。たまに、自分でアレンジを効かせて、さほどおいしくないお菓子ができたときも、「いまいちだなぁ」といいながら喜んで食べていました。「おいしくつくるにはどうしたらよいか」というプロセスを考えることが楽しかったのです。

とくにはまったのは、アイスクリームづくりでした。「生体物理化学」という研究室に所属していた大学院時代、デロンギ社製の家庭用のアイスクリームメーカーを大奮発して買い、平日、実験が終わって日付が変わる頃に家に帰ってから、毎晩のようにアイスクリームをつくっていた時期がありました。

アイスクリームのミックスの材料の配合を変えたり、混ぜ合わせる温度を変えてみたり、ミックスを寝かす時間を変えたり。一カ月くらいは毎晩真夜中に、バニラアイスクリームを市販のホームサイズほどつくり、その日のうちに晩ごはんとして全部平らげていました。そのアイスクリームにはまっていた時期がちょうど真冬だったので、食べ終わったあと、布団の中でブルブル震えながら眠りについた記憶があります。アイスクリームを大量に食べると、内からキンキンに冷えるのです。おかげでアイスクリームづくりに関しては、ほぼ完ぺきなレシピと腕を持っています。

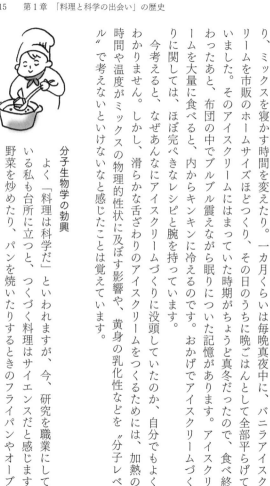

今考えると、なぜあんなにアイスクリームづくりに没頭していたのか、自分でもよくわかりません。しかし、滑らかな舌ざわりのアイスクリームをつくるためには、加熱の時間や温度がミックスの物理的性状に及ぼす影響や、黄身の乳化性などを〝分子レベル〟で考えないといけないなと感じたことは覚えています。

分子生物学の勃興

よく「料理は科学だ」といわれますが、今、研究を職業にしている私も台所に立つと、つくづく料理はサイエンスだと感じます。野菜を炒めたり、パンを焼いたりするときのフライパンやオーブンの中の反応はまさに「化学反応」であり、できた料理は「化学反応生成物」です。

調理には経験やコツが大切ですが、食べものがおいしくなる過程をとことん追求していけば、料理を「科学的な視点」で見ることが不可欠になってきます。料理は、「理《ことわり》を料《はか》る」と書くぐらいですから、じつに〝理系的〟なのです。

その科学の世界では、生物学を分子レベルで理解する「分子生物学」が、一九三八年にウォーレン・ウィーバーによって提唱されて以来、現代の生命科学を劇的に進歩させてきました。一九五三年、ジェームズ・ワトソンとフランシス・クリックによって提唱された「DNAの二重らせん構造」によって、遺伝がDNAの複製によって起こること、DNAの塩基配列が遺伝情報であることが美しく説明できるようになり、分子生物学発展のエポック・メイキングとなりました。生物最大のミステリーであった遺伝暗号が、〝分子の言葉〟で明快に語られるようになったのです。

料理と科学の接近

料理の分野でも、二〇世紀の終わり頃から、海外の一部の物理化学者たちが、料理を分子レベルで研究する動きが活発化し始めました。科学者がおいしい料理の秘密を〝分子のナイフとフォーク〟で解き明かしたのです。

またその一方で、一部の革新派のシェフたちが、現在、実験室で使われるような機器や器具を使って、それまで誰も見たことのない斬新な料理を登場させました。それらに、「分子ガストロノミー」、「分子美食学」、「分子料理」などのタグが付けられ、多くの人々の関心を惹《ひ》き付けました。

近年、料理と科学は互いに急接近しました。この「料理と科学」の遭遇の歴史は、目線を変えることで、捉え方が大きく異なってきます。料理人から見た「科学」と、科学者から見た「料理」、それぞれの立場に分けて見ていきましょう。

◉《エル・ブリ》フェラン・アドリアの前衛的料理に隠されているもの

「料理の天才」は突如スペインから現れた

二〇世紀後半から二一世紀に入って、世界の料理界は、美食大国とはあまり思われていなかった国のある一人のシェフに揺さぶられることになりました。その名はフェラン・アドリア。スペインのカタルーニャ地方にあるレストラン《エル・ブリ（エル・ブジ）(elBulli)》のシェフでした。

《エル・ブリ》は、その前衛的な料理で、一九九七年にミシュランの三ツ星を獲得、二〇〇六年より四年連続で「世界のベストレストラン」の第一位、そして世界でもっとも予約の取れないレストランとして有名でした。二〇一一年に惜しまれながら閉店しましたが、二〇一四年に新たに「エル・ブリ財団」が創設されました。

《エル・ブリ》で有名になった調理法の一つに、食材を泡にする「エスプーマ(espuma)」という技術があります。アドリア氏は、生クリームや卵白を泡立てた「ムース」から着想を得て、亜酸化窒素などのバルブを使ってソーダをつくる器具を改良し、エスプーマを完成させました。この調理器具は、空気の力だけで素材を泡立てることができるため、通常泡立たない食材、たとえばグリンピースやハーブなどの泡を使った料理がつくれるというものです。新しい調理器具の開発によって、食材がこれまで持ちえなかった新しい食感の料理が開発できる一例です。

また、《エル・ブリ》のウェルカムドリンクとして出されていたジンフィズは、上下二層になっており、下層にフローズン・ジンフィズが、上層には下層と同じベースのエスプーマ・ジンフィズが乗っていました。このように新しい道具や技術を使って、新しい料理を生み出そうというアプローチを積極的に採用していたのがフェラン・アドリア氏でした。

料理に持ち込まれた「ポストモダン主義」

《エル・ブリ》の斬新な料理の創作メソッドに、「デコンストラクション(脱構築、deconstruction)」という概念があります。建築や文学批評で使われる言葉ですが、《エル・ブリ》の脱構築は、「古典料理や伝統料理のレシピと素材を徹底的に分解して、組み立てなおし、まったく新しいものにつくり上げていく」という意味で使っています。《エル・ブリ》の料理は何といってもその斬新さに目を奪われがちですが、その料理の背景には、「これまでの料理の固定化された既成観念の打破と、要素を組み合わせて新たな可能性を再構築して提示する」という近代料理に対するポストモダン主義が隠されています。料理の世界に、そのような哲学的思想を初めて持ち込んだという点に、もっと目を向けるべきでしょう。

◉斬新な料理開発のための科学的技術の導入
現代アーティストとしてのフェラン・アドリア

《エル・ブリ》の料理は、「人の五感すべてに働きかけ、さらに、〝人の脳をびっくりさせる〟料理」を標榜していました。そのようなある種奇抜な料理をつくるためには、従来の調理器具や調理方法では足りないため、これまで料理には使われていないような「道具」や「手段」を導入しました。

フラスコやスポイトなど実験室でおなじみの道具やソーダサイフォン、減圧調理器具といった当時の最新鋭機器を駆使し、食材を粉砕したり泡にしたりすることで、味や香

りを失わないまま胃袋にもたれないメニューを次々と考案しました。

実験室で使うような器具や技術が《エル・ブリ》のキッチンにあったので、多くの人にとってアドリア氏の料理が〝科学的〟に見えたのでしょう。しかし、現代アートの世界でも新しい素材や最新の表現手法を用いることはたくさんあります。テクニックに〝実験的な〟手法を使うからと

いって、それが「サイエンス」であるかどうかはまた別の話です。

《エル・ブリ》について書かれた膨大な文献、書籍、映像やインタビュー記事を見ると、アドリア氏は、創造的で芸術的な料理を生み出すことには莫大なエネルギーを注いでいましたが、その料理を生み出すための原理や現象の解明には興味がなかったように見えます。

《エル・ブリ》の料理は食材を冒瀆している？

《エル・ブリ》の奇抜な料理には賛否両論あり、食材を冒瀆《ぼうとく》しているととらえる人もいたようです。「食」は体に取り込まれるものなので、保守的な面が強く出るのも、いわば当然のリアクションであるともいえます。しかし、アドリア氏は料理評論家の山本益

博氏によるインタビューに次のように話しています。

ワインを見て下さい。ぶどうという食材を加工し、洗練させながら、ぶどうそのものより素材に一層近づいているじゃないですか。柑橘類からシャーベットにするのも同じこと。イベリコ豚の生ハムだって、加工と熟成のプロセスによって、もとの素材からは考えもつかない味に達している。大切なことはひとつ。素材をそれ以上の高みにもっていくことです。

（山本益博、『エル・ブリ想像もつかない味』、光文社、二〇〇二年より）

素材自身もわかっていないような潜在的な魅力をあらゆる手段を使って顕在化させ、テーブルという舞台に立たせて最終的に喝采を浴びさせる、いわば「演出家」のような印象をこの料理人から感じます。

フェラン・アドリア氏は、後述する「分子ガストロノミー」を成功させたパイオニア的存在として、メディアなどに取り上げられています。しかし、アドリア氏の料理は、「分子ガストロノミー」ではなく、現代アート（モダンアート）と同じニュアンスの「現代料理（モダンキュイジーヌ、modern cuisine）」という言葉で形容したほうがより適切かもしれません。

コラム1　フェラン・アドリアが料理界に起こした三つの革命とは

フェラン・アドリア氏は、独創的な料理を生み出したとか、新しい調理法を多数開発したという点で評価されることが多いシェフです。しかし、彼が料理界に与えたディープインパクトは、実はもっと別なところにあります。集約すると次の三点でしょう。

1. 旧態依然としたヒエラルキーが存在する料理界で、料理のレシピや新しい調理法まで含めてすべての情報を公開するという異例のシステムを築いたこと。
2. クリエイティブな料理の創作はチームによって成し遂げられることを自ら実証し、無名の若い料理人たちの多くに希望を与えたこと。
3. 料理と科学の融合のような他分野との協力が二一世紀の料理の発展には不可欠であると説いてきたこと。

1にあるような《エル・ブリ》の特徴は、独自に開発したレシピを隠そうとするのではなく、ほかの料理人に教えたり、共有することによって、さらに料理を進化させようという意図が読み取れます。いわば「レシピのオープンソース化」です。実際、《エル・ブリ》のレシピ集は、書籍として多数出版されており、レシピ創作時のアイデアなどの情報もふんだんに掲載されています。

2の「チームでの仕事ぶり」は、『エル・ブリの秘密―世界一予約のとれないレストラン』という映像作品を観るとよくわかります。フェラン・アドリア氏に憧れて世界中からやってきた才能ある多国籍のメンバーたちが、《エル・ブリ》の裏方として大勢参加しています。五〇〇〇人もの応募者から三五人の新米シェフが選ばれるという超高倍率の競争です。そして、選ばれたスタッフたちと試行錯誤を重ねながら、共同でメニュー開発を行っています。

また、3の「他分野からの調理技術の導入」も、彼がつくってきた、これまでに〝誰も見たことのない料理〟を見ると、斬新な手法を用いて創作しているのが明らかです。

レストランのメニュー開発に「オープンソース化」、「グループ知」、「異分野導入」の取り組みを持ち込んだことが、彼が料理界にもたらした革命であり、それによって多くの料理人やレストラン関係者に刺激を与えたことが功績だと私は思います。現在でも、《エル・ブリ》で修行したシェフのレストランが「世界のベストレストラン」に選ばれるのは、アドリア氏の、上のような思想が色濃く反映されているからなのでしょう。

アドリア氏が上記1〜3を料理界に導入した手法を見ると、研究者としては、科学の世界との類似性を強く感じます。研究成果・研究手法を論文にして、ウェブサイト上で誰でも見られるようにオープンに公開する、学際的なメンバーを集めて自分の得意でない分野をカバーし合い、チームで仕事を行うというところなどは、現代のサイエンスでもとても重要です。また、有名研究室にポスドク（博士号を取得し、常勤研究職に就く前の研究者）が集中し、互いに刺激を受けながら高め合うという構図も、《エル・ブリ》と似ています。

とくにサイエンスの世界に限らず、ＩＴや製造業など多くの業界でも、オープン化、グループワーキング、異業種交流は重要になってきており、ある種このような「二一世紀の仕事のスタイル」を料理界でいち早く取り入れたひとりが、フェラン・アドリア氏だったといえるでしょう。

二　科学者が「料理」に出会うとき

◉ハーバード白熱〝料理〟教室

教育の〝道具〟としての「料理」

二〇一一年の『朝日新聞グローブ』第五九号に「料理と科学が出会う時」というタイトルの料理と科学の接点に迫った計五面ほどの特集記事がありました。その巻頭を飾っていたのが、応用数学が専門のハーバード大学のマイケル・ブレナー教授らが行った「科学と料理（Science & Cooking）」の講義に関する記事でした。三〇〇人あまりの定員のところ、初日は倍以上の人が詰めかけ、立ち見の観衆でいっぱいになった教室での講義の様子が記述されています。

応用物理学のデービッド・ワイツ教授は、ステーキのレア、ミディアムの焼き具合が肉の内部にどのような変化をもたらすのか、焼き加減の違うステーキに重りを載せ、肉の沈み具合を比べてみせました。

ワイツ教授は、肉は焼き加減が変わると弾力性が変わるということを、バネの運動に例えて説明しました。肉の弾力性はタンパク質の分子の連結密度に関係しているため、分子間の距離が長くなれば密度は薄まり、分子間の距離が短くなると弾力性が減ってか

たくなるというわけです。

さらに、たれを煮詰めたり、ゼリーをつくる際の、それぞれの熱伝導、粘性、弾力性を表す数式が示され、私たちが日々接している料理の背景にある物理や数学の法則をひも解いていきます。数学者や物理学者が、料理を〝斬る〟とこうなるというのがよくわかります。

その朝日新聞の記事でワイツ教授が、「学部生に科学のおもしろさを伝えるのは長年の課題だったが、今回は大きな手応えを感じた」と語っています。この講義では、大学教員が応用物理学や工学の基本的な原則を学生に伝える〝道具〟として、料理を扱っているのです。

一流シェフやパティシエも教壇に

このハーバードの「科学と料理」の講義には、フェラン・アドリア氏を始めとする数々の有名シェフも教壇に立っています。

二〇一三年に「世界のベストレストラン」の一位に選ばれたスペインの《エル・セジュール・デ・カン・ロカ（El Celler de Can Roca）》のシェフとパティシエであるジョアンとジョルディ・ロカ兄弟、ミシュラン・ガイドで二ツ星を取ったニューヨークのレストラン《モモフク（Momofuku）》のオーナーシェフのデービッド・チャン氏、チョコレート界を代表するクリエーターであるスペイン・バルセロナのエンリック・ロビラ氏などが、実演しながら講義をしています。

「科学と料理」の一連の講義は二〇一〇年から毎年開講されており、その注目度も年々高まっています。過去の講義の様子はウェブサイトに無料で掲載されているので、誰でも簡単に受講できます。

◉「分子ガストロノミー」の父、エルヴェ・ティス

一九九二年、イタリア、シチリア島にて

エルヴェ・ティス氏は、パリにあるフランス国立農業研究所の研究者で、調理プロセスにおける物理化学的な研究で知られています。

ティス氏は、物理学者のニコラス・クルティ氏とともに、一九九二年に第一回の「分子および物理ガストロノミーに関する国際ワークショップ」をイタリアのシチリア島・エリスで開催しました。ティス氏は当時から「分子ガストロノミー」という名前を提唱していました。

「分子」は、化学的、物理的という意味を指し、分子ガストロノミーには、それらの視点でガストロノミー（美食学）を研究するという意味が込められています。そのため、

分子ガストロノミーとは、科学的な手法を使って新しい料理を生み出すものではなく、「調理プロセスの中に見いだされる現象のメカニズムを解き明かすこと」とティス氏自ら語っています。ティス氏の興味は、これまでの「おいしい料理の決まりごとを科学的に解釈すること」にありました。

分子ガストロノミーとこれまでの食品科学の違い

分子ガストロノミーは、これまでの食品科学と何が違うのでしょうか。ティス氏は、〝歴史の問題〟であると語っています。

ティス氏が分子ガストロノミーを始めた一九八八年当時、食品科学は、食品成分の化学や食品技術に重きを置いていました。しかし、彼はニンジンの化学的組成そのものにはまったく興味を示さず、ニンジンが調理でどのように変わっていくか、その現象を科学的に解明することに目を向けていました。

食品科学は必ずしも調理現象のメカニズムを明らかにすることを意味するわけではありません。しかし分子ガストロノミーは、食品科学の部分集合であるので、食品科学の一分野として認識するのは正しいとティス氏は語っています。つまり、食べものを研究する学問の中で、調理する過程での食べものの研究に特化したものが、分子ガストロノミーだということでしょう。

個人的な印象としては、食品科学はどちらかといえば食品素材重視なのに対し、分子ガストロノミーは料理重視となっているように感じます。また、分子ガストロノミーは、食材の可食化の先のいかに食材をおいしくするかに重きを置いた学問であるといえるでしょう。さらに、食品科学は、食品産業や食品企業が行うのに対し、分子ガストロノミーと調理科学はレストランや個人レベルで行うものであるとも感じます。

◉「京料理の挑戦：農芸化学とガストロノミーの融合」

二〇一二年、日本、京都にて

二〇一二年三月末、京都での日本農芸化学会のある会場が、異様な熱気に包まれていました。「京料理の挑戦：農芸化学とガストロノミーの融合」という魅惑的なタイトルのサイエンスカフェ・シンポジウムが開かれていたのです。

シンポジウムの内容は、京都の料亭料理人らが設立した「日本料理アカデミー」と京都大学の研究室を中心にした研究者チームが、革新的な日本料理の発展をめざして設立した「日本料理ラボラトリー」の共同研究の成果を発表すること、さらに実際にコラボレーションしてつくられた実験的な料理を料理人が解説し、参加者に試食してもらうこ

との二本立ての企画でした。

参加者の注目は、やはり実験的な料理の試食に向けられていました。計八名の京料理人による斬新な料理が、つくったご本人から原理も含めてくわしくプレゼンされました。具体的には次のような料理でした。

《修伯《しゅうはく》》吉田修久さんの昆布と野菜汁の組み合わせで動物性のだしを「澄ませる」。《菊乃井》村田吉弘さんの鱈の白子と豆乳をニガリと加熱で「固める」。《瓢亭《ひょうてい》》高橋義弘さんの鱒、菜の花を寒天の地で固め、番茶と唐辛子油をかけて柚子味噌のペーストと合わせる「時間差」。《竹林《ちくりん》》下口英樹さんの「液体窒素」を用いて鮎の塩焼きを川に戻す。《竹茂楼《たけしげろう》》佐竹洋治さんの豆乳、鯛スープ、トマトスープ、生うにスープ、木の芽味噌を別々の方法で「固める」。《たん熊北店《きたみせ》》栗栖正博さんの口の中で「風味の時間差」をもたせた三層茶碗蒸し。《木乃婦《きのぶ》》高橋拓児さんの蕪と金時人参から甘みを「分ける」。《一子相伝　なかむら》中村元計さんのてっぱえの風味に時間差をつける「多次元の味わい」。

《一子相伝　なかむら》中村さんの「てっぱえ」とは、香川県に伝わるからし酢味噌あえのことです。てっぱえの和え衣や素材の風味の継続時間を中村さんが測定したところ、口に入れてから三秒ほどで白味噌の風味がし、酸味、辛味がきて、弱い酸味があとをひくことがわかりました。そこで、さまざまな凝固剤を使い試作した結果、白味噌は早く感じるよう泡にし、酢は短くきれるようゼラチンで固め、芥子は長く続くよう寒天で固めることで、和芥子、酢の風味に隠れてしまう白味噌の香りやうま味を感じさせることができました。つまり、和え衣の風味の時間差を使って「多次元の味わい」を表現しています。

最後の八名の料理人が勢ぞろいした質疑応答タイムでは、スター料理人たちにカメラのフラッシュが一斉にたかれていました。

おいしさを求めるまっとうさ

シンポジウムの中で、中村さんがおっしゃっていた次の話が印象的でした。

「どんな新しい技術を使っても、お客さんにおいしいと思って食べてもらわないと意味がありません。お客さんに『この料理おいしいですね、どうやってつくったんですか？』と聞かれたときに、『実はこのような科学的な技術を使って……』と説明すべきで、料理をお客さんが食べる前に『これは新しい科学的な調理法でつくった料理で……』と説明するのは野暮です。」

実験的な料理は、往々にしてこんなすごい科学的技術を使ってますとか、食べる前の講釈が多くなるのではと私は危惧していました。しかし、料理はおいしいことが大前提になければ、わざわざお店に出かけてお金を払う意味がありませんし、技術が優先してしまうと、料理人のひとりよがりの料理になってしまい、客は置いていかれるものです。その点、この京料理の「料理と科学」は、おいしい料理開発のために科学技術を使うというものでした。その基盤にあるのは、日本料理アカデミーの「日本料理を構成する様々な事象を科学的に理解し、さらにはその概念的な意味も深く掘り下げて、最終的に新しい料理を創成するための基盤をつくりあげていく」という創立時の目的なのでしょう。

当たり前ですが、科学だけで料理が語られるわけではありません。料理のおいしさは、見た目やその場の雰囲気などいろいろな要素が組み合わさった「総合芸術」ですから、料理人の技術や感性がもっとも大切なことはいうまでもありません。「科学は、料理におけるひとつの調味料」といったところでしょう。

コラム2　科学に精通したシェフ、ヘストン・ブルメンタール

科学的な調理法を使う料理人として、《エル・ブリ》のフェラン・アドリア氏と同様に有名なのが、イギリスのヘストン・ブルメンタール氏でしょう。

ブルメンタール氏は、ロンドン西部のバークシャーにあるレストラン《ファット・ダック（The Fat Duck）》のシェフです。《ファット・ダック》は、二〇〇四年にミシュランで三ツ星を獲得しており、二〇〇五年には「世界のベストレストラン」でトップに輝いています。

ブルメンタール氏が斬新な調理法をふんだんに駆使してメニューを開発しているところはアドリア氏と同じですが、私が違うと感じる部分は、ブルメンタール氏の「科学への興味と貢献度」です。ブルメンタール氏は、料理人であるにもかかわらず、大学の教授らと共同研究して科学論文を出しているばかりか、調理への科学的なアプローチという点が認められ、複数の大学から名誉学位の称号を取得しています。

また、アドリア氏が新しい料理を開発する場所を〝アトリエ〟と呼んでいるのに対し、ブルメンタール氏は〝ラボラトリー〟と呼んでいることからも、ブルメンタール氏が芸術よりも科学に近いということがわかります。アドリア氏の故郷であるスペインのカタルーニャ地方が、ガウディ、ピカソを生んだ「芸術の国」であるのに対し、ブルメンタール氏の故郷であるイングランドは、ファラデー、ニュートンを生んだ「科学の国」であることが、互いの料理のエッセンスに表れているように感じます。

ブルメンタール氏の料理を特徴づけるキーワードに、「多感覚料理」という言葉があります。おいしい料理に、「風味」を感じる味覚・嗅覚は必要不可欠ですが、さらにマルチな感覚に訴えるというものです。その代表的な料理が、「Sound of the Sea（海の音色）」でしょう。

「聴覚」がいかに風味に影響を与えるか科学的な研究を重ねてつくられた料理で、カキ、ハマグリ、ムール貝、海藻などの海の幸を使った料理にｉＰｏｄが添えられています。客にｉＰｏｄで波の音を聞いてもらいながら、シーフードを堪能してもらうという、〝挑戦的な〟料理です。意外性、話題性だけと感じるかもしれませんが、実際に波の音を脳に響かせながら味わうと、おいしさがいかに多感覚的なものなのか体験できるのかもしれません。

ブルメンタール氏は、おいしい料理をつくるために、数々の実験とサイエンスに基づいて理詰めで考える「科学に非常に精通した料理人」であるといえるでしょう。

三　「料理と科学」の未来

◉分子ガストロノミーは死んだ⁉
分子ガストロノミー創設者の固執が招いたこと

ニコラス・クルティ氏とエルヴィ・ティス氏によって提唱された「分子ガストロノミー」は、創設者二人によって「技術ではなく科学である」と位置づけられ、新しい食材、道具、手法を用いて斬新な料理をつくる技術とは異なるという主張を続けてきました。

文献などでもティス氏は「分子ガストロノミーの主な目的は、現象のメカニズムを見出すことであり、知識を応用すること（発明）でなく、知識を生み出すこと（発見）で、シェフは分子クッキングを行っているかもしれないが、分子ガストロノミーは行っていない」と明確に語っています。

科学者とシェフの協力によって興味深い事実が発見され、また新たな調理法も開発されていましたが、分子ガストロノミーの創始者らは科学に固執し、シェフの分子ガストロノミーへの貢献を高く評価しなかったため、最初協力的であったシェフたちが次第に分離反していったという過去があります。二〇〇六年には、フェラン・アドリア氏など分子ガストロノミーとの関わりをよく取り上げられるシェフ数名が、自身らの料理のアプローチはその単語と一線を画すとの共同声明を出すほどでした。さらに、ヘストン・ブルメンタール氏は、イギリスの新聞『オブザーバー』のウェブサイトの記事内で「Molecular gastronomy is dead（分子ガストロノミーは死んだ）」と語っています。

このような経緯もあり、シェフの中には、「分子ガストロノミー」という言葉にアレルギーを示す人も多くいるといわれています。しかし、シェフらは、今後の新しい料理の発展にとって、科学の知識や新しい技術が不必要だと考えているわけではなく、むしろそれらが重要であるという認識を強く持っています。

料理の未来を「サイエンス＆テクノロジー」で考えよう

そもそも科学と技術は、その歴史や中身が異なるものです。『広辞苑』には、科学は「体系的であり、経験的に実証可能な知識」とあるのに対し、技術は「物事をたくみに行うわざ。科学を実地に応用して自然の物事を改変・加工し、人間生活に役立てるわざ」と記載されています。

近代までは、科学と技術は別個の活動として、互いに相交わることなく営まれてきました。しかし、二〇世紀に入ると科学的原理を技術に応用して、軍事や産業上で役立てようとする考えが生まれ、政府や企業が積極的に研究・開発を推進するようになりました。その結果、私たちの生活は飛躍的に便利になりました。一方で、こうした活動の増大によって、現代では科学と技術を「自然の法則性の解明」と「その応用」に区別して考えることが難しい状況になっています。

科学と技術の方向性が異なることを認識することがまず大切ですが、何か新しいイノベーションを起こす際、科学と技術双方のチカラが必要であると認識することもまた重要です。実際、科学の活動も高度な技術を用いた実験や観測手段への依存を高めており、科学界で一番有名なノーベル賞も、新しい発見だけでなく、新しい発見を生み出すための技術にも積極的に与えられています。

新しい技術が新しい科学的発見をもたらし、新しい科学的発見が新しい技術を生み出す。科学と技術は、持ちつ持たれつの関係、いわば〝車の両輪〟であり、科学または技術のどちらかの車輪が大きすぎたり小さすぎたりすると、いびつな車輪となって回らなくなります。料理と科学の世界、料理人と科学者の関係も、この科学と技術の関係と同じように感じられます。

新しい技術から新しい料理が生まれ、その新しい料理からまた新たな科学的発見が生み出されます。これまでの「料理と科学の進展」を振り返ると、料理人と科学者が互いの領域を共有するとき、料理に劇的な発展性をもたらしていると強く感じます。互いの専門性を尊重しつ

つも、「餅は餅屋」の発想を超えて、相手の専門を深く理解しようとする気持ちが、料理を次のステージに引き上げるのではないかと思うのです。

◉科学と技術から「分子調理」を再定義する

sushi もまた寿司

コミュニケーションギャップや意見の相違の原因は、前提条件の違いにあるといっても過言ではありません。わかり合ううえでの大切なこととして、事前の「言葉の定義」があるでしょう。

たとえば、日本人が思う「寿司」と海外の人が思う「sushi」は必ずしも一致しません。そのため、日本人が海外で「sushi」を目にすると唖然《あ》とし、怒りの感情が芽生えることもあるかもしれません。しかし、日本人から見るとちょっと怪しげな sushi であっても、現地の人にすればれっきとした寿司であることは間違いないと思われます。

同じように日本やアメリカのピザも、本場イタリア人から見れば、憤りを感じるものもあるでしょうし、インド人から見た日本のカレーも奇妙に感じることでしょう。このような食文化の違いや、言葉のニュアンスや定義の微妙な違いが、コミュニケーションギャップを生み出すことはよくあります。

分子ガストロノミーの発展が妨げられたのは、この定義の失敗もあるように思えます。

料理人が考える分子ガストロノミーと科学者が考える分子ガストロノミーの定義の間に齟齬《そご》があったように感じます。「料理と科学」の将来を考えるうえで、すでにいろいろな意味を持ちすぎてしまった「分子ガストロノミー」という単語は使わず、「分子調理」という言葉の定義について考えてみます。

「調理」と「料理」の違いとは

まず、私たちがよく使う「調理」と「料理」という言葉の違いですが、調理師と料理人の違いからわかるように、調理師は職業的なイメージが、料理人はよりカジュアルなイメージがあります。

「調理」という言葉は、調《ととの》え理《おさ》めること、つまり、食品をおいしく、すぐ食べられるように調整することです。一方、「料理」は、食べものをこしらえること、または、そのできあがったもののことを指します。一般に調理と料理の関係は次のように考えられています。

食材→調理→料理

すなわち狭義の「調理学」は、料理をつくるプロセスを考える学問であり、「料理学」

はできあがった料理をメインに考える学問であるといえます。また、食材を主たる対象にするのが「食品学」です。しかし、広義の「調理学」は、料理のもととなる食材、調理という操作、そしてできあがった料理をすべて研究領域としています。

「分子調理〝学〟」と「分子調理〝法〟」

分子調理の「分子」の定義はどうでしょうか。

神戸学院大学の池田清和先生は、『食品調理機能学』の中で分子調理学について書かれています。そこでは分子調理学を「食べ物を調理しておいしくいただく過程で起こる現象を、分子レベルで解明する学問」と定義されています。さらに、おいしさにはさまざまな因子が関係しており、それらの因子を量的な関与と質的な関与、つまり食材の分子特性と、調理によってどのように変わるのかを調べることが大事であると説かれています。

エルヴェ・ティス氏と同様に科学に重心を置かれた定義ですが、私は分子調理という言葉を図1-1のように科学と技術の両面で定義できないかと考えます。

すなわち、「分子調理〝学〟」は、「食材→調理→料理」のプロセスにおいて、食材の性質の解明、調理中に起こる変化の解明、おいしい料理の要因の解明などを分子レベルで行う〝科学〟であると定義するのです。研究・開発でいえば、要素還元主義の研究分野

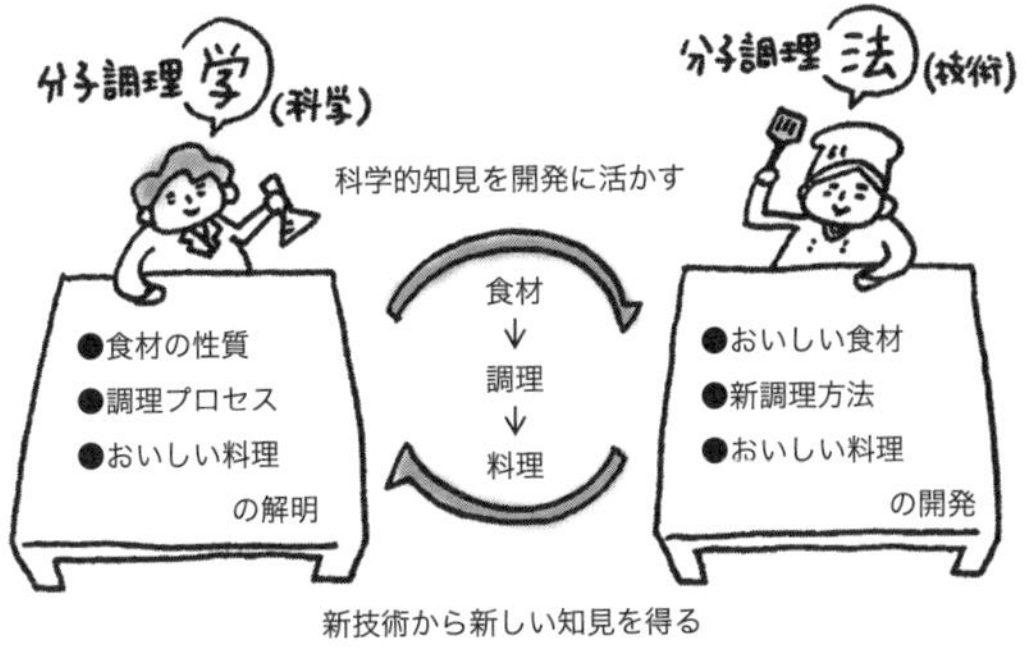

図1-1　「分子調理」の定義

であり、基礎・応用のくくりであれば、基礎研究にあたります。分子調理学は、マクロからミクロを見る分析的手法をとります。

それに対して、「分子調理〝法〟」は、おいしい食材の開発、新たな調理方法の開発、おいしい料理の開発を分子レベルの原理に基づいて行う〝技術〟であると定義します。研究・開発であれば、複雑系である開発分野であり、基礎・応用のくくりでは、当然応用研究にあたります。分子調理法は、ミクロからマクロを眺める全体的手法をとります。

分子調理〝学〟と分子調理〝法〟は、互いに関係し合い、科学の分子調理〝学〟で発見した科学的知見を技術の分子調理〝法〟へと活かし、また反対に分子調理〝法〟によって生まれた新しい技術から分子調理〝学〟における新たな知見を引き出すといったように、互いが刺激し合うことで活性化します。

たとえば、医学も、ある意味このサイエンス&テクノロジーの融合であり、分子調理〝学〟の部分が病気の原因を探る基礎医学、分子調理〝法〟の部分が病気を治療する臨床医学に相当するといえるかもしれません。

◉分子調理にできること

《菊乃井》村田吉弘さんの分子調理エピソード

前に述べた『朝日新聞グローブ』に《菊乃井》の村田吉弘さんに関する記事があり、私が心惹かれた次のようなエピソードが書かれていました。

村田さんは、各国で伸び盛りのシェフに日本料理を説明する際、型どおり「歴史や季節感を生かすことだ」などといってもあいまいすぎて相手に伝わらず、「なぜそうするのか」を科学的かつ論理的に納得させる必要を感じていらっしゃいました。転機は、二〇〇二年に訪れます。京料理の要となる昆布だしについて、大学の研究者らによる実験で「昆布のグルタミン酸を最大限に抽出するには六〇℃を保って一時間加熱するのがいい」という結果が出ました。

仲間どうしでふだんのやり方を比べると、火にかける温度は二〇～八〇分までバラバラで、徐々に温度を上げて沸騰直前に取り出し、カツオ節を加えてふたたび沸騰したところで火を消す、というのが一般的なだしのひき方でした。代々受け継がれていて、そういうもの、と疑いませんでした。しかし、六〇℃、一時間加熱を続けて鍋の中の温度を八五℃まで上げたら、火を消してからカツオ節を入れ、沈んだらすぐに濾《こ》すという手順のほうが、実際にはよい結果でした。よりよい方法がわかったなら、それを試したい。京都の料亭は、ためらいませんでした。

私は、これこそが「料理と科学の幸運な出会い」なのではないかと思います。料理人が分子調理学の「科学」という〝フィルター〟を新たに持つことで、料理はさらに前へと進み、よりおいしい料理の発展につながっていくのです。

温故知新、さらにその先へ

有史以来、人類は食べものを獲得し、調理して食べてきました。先人の知恵や経験の中から生まれてきた、さまざまな料理が現在の私たちに伝えられています。この料理にひそんでいる原理を分子レベルで解明できれば、多くの「分子調理学の法則」が明らかになるでしょう。「故《ふる》きを温《たず》ねて新しきを知る」のように、分子調理学の法則を分子調理法によって応用することができます。

また、これまでの伝統的な調理方法にひそんでいる「温故知新」を科学の目で調べることは、それらの伝承の正当性を確認することもあれば、伝承が必ずしもあてはまらない場合があることも見つけるでしょう。イギリス・ブリス

トル大学のピーター・バーハム教授は、「台所の神話」と呼ばれていたものの科学的検証を行っています。たとえば、緑野菜をゆでるときに塩を加えることの効果として言い伝えられている、色をより固定するや、水をより速く沸騰させるなどに対して、科学的な視点から疑問を投げかけています。

分子調理学によって、調理の伝承の正しさを科学的に証明することもあれば、特定の場合のみにあてはまることなどが証明されることもあるでしょう。客観的な視点で調理方法を見直すことによって、料理のおいしさをさらに発展させることが期待されます。

ミクロとマクロの好循環

科学と技術は、相互に作用し合います。分子調理学の原理をもとにさらにおいしい料理が発明され、さらにその新しい料理にひそむ原理を明らかにし、さらに新しい料理の開発につながるというサイクルです。ミクロとマクロのスケールでいえば、食材の分子特性を知り、それを実際の料理に活かし、実際に食した経験から、また分子特性を考えるという「ミクロ→マクロ→ミクロ」という流れです。この好循環を生み出せれば、料理の基礎と応用を磨いていくことができます。アイスクリームの例で説明します。

まず、「マクロからミクロ」の観点からアイスクリームのおいしさを考えれば、その風味や深みのあるコクはもちろんですが、なんといってもその「舌ざわり」が重要です。

とろける「滑らかさ」は、アイスクリームに欠かせない魅力の一つです。とくに、乳脂肪分の多い濃厚なプレミアムアイスクリームのおいしさのひとつは、そのクリーミーな舌ざわりですが、そのアイスクリームを顕微鏡などを使って見ると、アイスクリームの中の氷の結晶が小さいことがわかります。アイスクリームのクリーミーさは、アイス組織中の氷の結晶の大きさと密接な関係があり、氷結晶の大きさと舌ざわりの関係は、顕微鏡で観察すると、氷結晶が「三五マイクロメートル未満↓著しく滑らかなアイスクリーム」、「三五～五五マイクロメートル↓滑らかなアイスクリーム」、「五五マイクロメートル以上↓粗いアイスクリーム」となります。

このように、アイスクリームのおいしさを分子レベルで基礎的に研究することが、マクロからミクロの流れの分子調理、すなわち分子調理学の特徴といえます。

次に、「ミクロからマクロ」の視点で考えると、分子レベルでの解析から、氷結晶が小さければ小さいほどアイスクリームが滑らか、すなわちおいしくなるということがわかれば、氷結晶化を抑え、凍らせる時間を短くできる技術を考えることになります。凍らせる時間の短縮化に最適な手法は、現状では「液体窒素」がベストなので、液体窒素を使って瞬間的に凍らせたアイスクリームはクリーミーでおいしくなるはずです。アイスクリームがおいしくなる原理に基づいて、最適な手法を用いて料理を応用的に開発するのが、ミクロからマクロの流れの分子調理であり、すなわち分子調理法なのです。

ひとつ目の「マクロからミクロ」の「おいしい料理を分子レベルで調べる」はサイエンス、ふたつ目の「ミクロからマクロ」の「分子レベルで調べた原理を応用しておいしい料理をつくる」はテクノロジーです。

コラム3　料理の式による「料理分類」と「料理発明」

生物学では、生きものを分類することがそのサイエンスの基本にあります。生物分類には、界・門・綱・目・科・属・種という整然としたヒエラルキーによる分類が確立されています。分類することは、「概念の整理」や「定義の確立」に有効で、調理学の分野でも、数々の料理の分類が行われています。

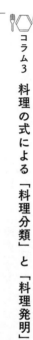

古今東西の「料理本」から〈クックパッド〉のような「レシピサイト」まで、食品素材や調理操作を柱とした分類、主食、主菜、副菜という食事の栄養バランスによる分類、世界各国の特色料理という地理的な分類、伝統的な古典料理から新しい現代料理という時間軸での分類など、さまざまな「概念」に基づいた料理の分類や体系化が行われています。

生物分類では、二〇世紀末から〝遺伝子〟を参照する「分子遺伝学」の手法が導入された結果、多くの分類群において抜本的な見直しが迫られています。さらに二一世紀に入ってから、生物の持つＤＮＡ配列の一部分における塩基配列の違いを指標とした「ＤＮＡバーコード」を利用した種の分類も盛んに行われるようになりました。

「料理分類学」の世界にも、分子の指標が持ち込まれつつあります。それが、「料理の式」であり、考案したのは「分子ガストロノミー」生みの親、エルヴェ・ティス氏です。

ティス氏は、まずフランスで重要とされる歴代の料理本を読みくだき、フランス料理の心臓ともいえる伝統的なソース三五〇種類を自らひとつずつつくってみては顕微鏡で分子状態を調べ、二三のカテゴリーに分類しました。その結果、あらゆる料理は〝ふたつの要素〟によって、物理化学の式で表せることを提唱しています。

そのふたつの要素は、次のとおりです。

●要素その1（食材の状態）
Ｇ（ガス）：気体、Ｗ（ウォーター）：液体、Ｏ（オイル）：油脂、Ｓ（ソリッド）：固体
●要素その2（分子活動の状態）
／：分散、＋：併存、∪：包含、σ：重層

このそれぞれ四つからなるふたつの要素を組み合わせることで、あらゆる食材や料理の成り立ちが説明できるとティス氏はいっています。たとえば、泡立てる前の生クリームは、「水の中に油脂が散らばっている」状態であるため、式に表すと次のようになります。

O／W（油脂　分散　水）

「生クリームを泡立てる」という調理法は、油脂に空気を含ませるから、油脂（O）に空気（G）を加え（＋）、その空気を含んだ油脂が水の中に散らばっている（／）状態となり、「式」であれば、

（O＋G）／W（油脂　併存　空気　分散　水）

となります。

あらゆる料理をこの料理の式で表現することによって、これまでの分類法とはまったく違った観点で料理をカテゴライズし、さらに系統的に整理することによって、

料理の新しい体系化が可能になるかもしれません。「料理の系統樹」から、料理の意外な共通点や、料理の進化の過程が見えてくる期待が持てます。

さらに、式を改変することによって新たな料理の開発への応用も考えられます。たとえば、前の生クリームの式の油脂を表すOのところを、油脂分を含むチーズやレバーに置き換えたら、理論的にはホイップチーズやホイップレバーがつくれるはずです。さらに、油脂を含まない食材、たとえばトマトをジュースにしてオイルを加えれば、ホイップトマトも夢ではありません。このように料理を〝式〟で表し、式の中の食材を別のもので置き換えたり、式を変形したりすれば、その応用は限りなく広がっていきます。

「この食材ではこの料理だ」という私たちの先入観が、新しい料理の発明を邪魔しているのかもしれません。その点、「料理の式」を使えば、食材の固定観念に縛られることなく、どんな素材に対しても、物理化学的な特徴だけを考え、いろいろな食材を式にあてはめるだけで、思いもよらなかった料理が生まれる可能性があります。

私の所属する大学の一年生の初年次教育として「基礎ゼミ」という必修科目があります。その基礎ゼミで学生たちに何でもいいので「料理の式を考えてくるように」という課題を出しました。学生たちは一様に固まりましたが、翌週、次のような式を考えてきました。

まず、大阪出身のN君が考えた分子料理式はこちら。

味噌汁……（S1＋S2＋S3）／W

S1：ねぎ、S2：豆腐、S3：わかめ、W：味噌が溶けたお湯

シンプルな式です。鍋やおでんもSが増えるだけで同じような式になるでしょう。味噌汁の具といえば、確かにねぎ、豆腐、わかめです。味噌汁具材界の最強スリートップです。これなら点が取れます。決定力不足も解消されます。続いて、千葉出身のK君が考えた式はこちら。

餃子……（S1＋S2＋S3＋O）∪S5

S1：ひき肉、S2：にら、S3：にんにく、O：ゴマ油、S5：餃子の皮

K君は、実際にアパートで自ら餃子をつくって、式を考えてくれました。具材を皮が包み込んでいるので包合の「∪」を使っています。餃子の皮は市販のものを使ったとのことなのでS5と一つの要素ですが、皮を手づくりするとS5はW／S6（W：水、S6：小麦粉）のようになります。みんな、料理を式で考えることはもち

ろん初めてだったのでなかなか苦戦したようですが、料理の見方がちょっと変わったようで、おもしろい経験にはなったようです。

料理の式には完全な正解はありませんが、材料をより細かく見ていくとさらに式は複雑になります。料理の式は、「料理の骨格」を考えるのにいい道具になりそうです。さらに、分子料理式内の材料を変えたり、式を変形すれば、斬新な料理が生まれる可能性があります。たとえば餃子の式の「U」を逆にする、すなわち「小麦粉を野菜で包んだ餃子」というものを思いつきました。どうでしょう、つくってみませんか「逆餃子」？

第2章 「料理をおいしく感じる」の科学

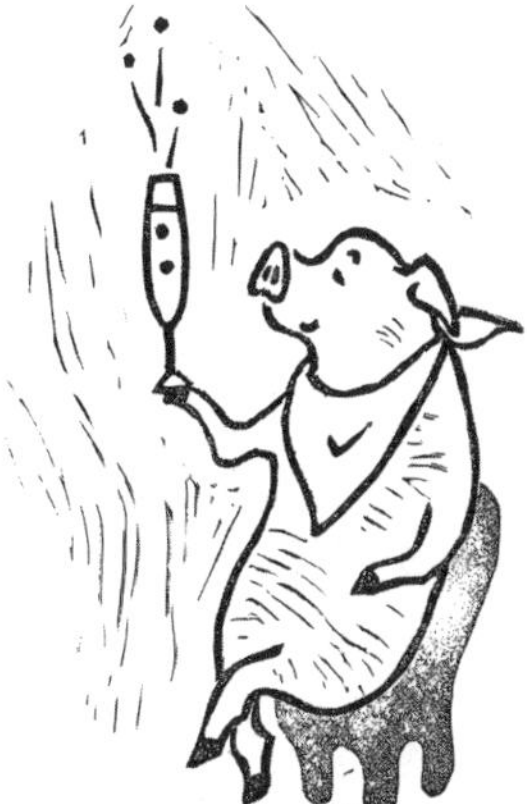

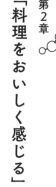

一　料理のおいしさを脳で感じる

◉おいしさは「料理」の中ではなく、「脳」の中にある

料理のおいしさ＝食べもの×食べる人

「これまでで一番おいしかった料理は何？」

私が大学の新入生によく聞く質問です。食にまつわる体験を聞くことは、その人の育ってきた環境や考え方などのバックグラウンドを知るのに大変いい〝キラー・クエスチョン〟だと思っています。

学生の答えとして「受験の前の日にお母さんがつくってくれたゲン担ぎ料理」や「旅行先で食べたカルチャーショックな料理」などを挙げてくれますが、それを食べたときの状況や心情も一緒に話してくれることがあります。料理は、栄養成分の補給だけでなく、食べる楽しみや喜びを与えてくれるものです。とくにその人の記憶に刻まれた思い出の料理は、それを食べたときの情景や感情までもセットで呼び起こしてくれます。

私たちが普段料理をいただく際、まず食べる前に、その色や形のビジュアルや、漂う香りなどから目の前の料理を評価します。実際に口に入れ、食べものを舌の上で転がしながら感覚を働かせ、一瞬のうちに、これはおいしい、まずい、好き、嫌いなどを判断

します。この料理のおいしさを決める要因はさまざまで、外観、におい、味、温度、食感などの「食べもの側の要因」はもちろんですが、空腹具合や健康状態の生理的な要因、メンタル面の心理的要因などの「食べる人側の要因」も考えなければなりません。

つまり、「分子調理学」によっておいしい料理の秘密を探ったり、「分子調理法」によってよりおいしい料理を開発することをどんどん極めていけば、必然的に「食」だけではなく、「人」も分子レベルで調べることに行き着きます。

おいしい料理をつくる秘訣は、食べる人を想うこと

たとえば、焼肉店で肉を炭火で焼く際、網の上で焼かれる音、肉の焼き目、立ち上る香り、そして食べたときに肉からほとばしる肉汁の風味、さらにはとろける食感などによって私たちはおいしさを感じます。

料理のおいしさを決める要因の中で重要な「味の情報」は、口の中の味蕾《みらい》・味細胞《みさいぼう》・味覚受容体で受容され、味覚神経を経て脳に到達します。ヒトの脳では、「このカルビ、ほんのりと甘味がする」とか「ホルモンの焦げたところが苦く感じられる」とか「タン塩にたっぷりかけたレモンの酸味が合う」のような味物質やその濃度などが識別されます。また、味覚以外の嗅覚、視覚、聴覚、触覚の情報も脳に伝えられ、味覚情報と統合されてトータルのおいしさとなります。

おいしい料理、感動する料理、記憶に残る料理は、人の味覚、嗅覚、視覚、聴覚、触覚である「五感」すなわち「脳」を大きく刺激します。

おいしい料理をつくろうとする際、食材であったり、調理法にこだわったりします。しかし、おいしさは、料理の中そのものにあるのではなく、食べた人の頭の中においしい情報が流れ込んで初めて生まれるものです。そのため、料理に使う食材を吟味したり、レシピどおりに料理をつくることと同じくらい、「食べる人がその料理をどう感じるか」について考えることは大事なことです。

大切な人においしい料理をつくりたいとき、料理の風味や見た目だけでなく、食べる雰囲気、その人が培ってきた食習慣までも考慮することが、実は大切なことなのです。相手の心情をおもんぱかることが、感動的なおいしさを生み出す原動力でしょう。脳科学の発展にともない、おいしさのターミナルである「脳の働き」を考えて調理する時代が、もうすでに目の前に到来しています。

◉脳が味わう料理のおいしさ

舌から脳までのおいしさ情報の「伝言ゲーム」

料理を食べて「おいしいっ！」と感じるプロセスは、食べものの「情報」を脳に伝える「伝言ゲーム」のようなものです。

たとえば味覚では、食べものの中に含まれるさまざまな味分子が、舌の味蕾にある味細胞表面の味覚受容体に作用します。味分子群が受容体に作用すると、味細胞がそのシグナルを神経細胞に伝え、最終的に脳に伝わります。具体的には、味分子が、細胞内のさまざまな情報伝達物質に変換され、脳へとたどり着き、甘いとかしょっぱいという情報として処理されます。つまり、味の情報は、味分子→受容器レベル→神経伝達レベル→脳機能レベル→認知・知覚レベルへと順次伝わっていきます。

脳への伝言ゲームは、味覚だけでなく、食べたときの嗅覚、視覚、聴覚、触覚の情報も同時に行われ、さまざまな感覚がアマゾン川の支流と本流が合流するように統合された情報を総合して「こ

のケーキ、おいしい」とか「カレー、おかわり！」と感じるようになります。

食べなくても脳への刺激だけで〝味わえる〟？

最終的に料理を味わっているのは、私たちの舌ではなく終点である「脳」です。料理を食べて、その料理だと脳が認識するまでには、どのような〝旅〟があるのでしょうか。カスタードプリンを食べたときの例で考えてみましょう。

プリンをスプーンですくって口に入れると、プリンを形づくっている味分子が舌を刺激し、砂糖の甘味、カラメル部分の苦味などの味覚情報が味覚神経の神経インパルスへと変換されて脳に運ばれます。とろける舌ざわりや、プリンの冷たい温度などの情報も電気信号として伝えられます。その様子を図2－1を見ながら確認しましょう。

口の中や舌への刺激はまず、脳の入り口といえる「延髄」の「孤束核」に伝えられます。孤束核の上のほうから、舌先で感じるプリンの甘味、舌の奥で感じた苦味、咽頭で感じるプリンの食感、消化管などの内臓の情報を順番に配置します。孤束核に情報がきた段階では好き嫌いの判断はされず、「味覚反射」が起こります。味覚反射とは、味わったときに瞬時に変化する顔面表情や、唾液、胃酸の分泌などです。

孤束核の信号は、味覚反射の別の経路として「視床」から「大脳皮質味覚野」に向かい、「扁桃体」、「視床下部」にも伝えられます。大脳皮質味覚野には「第一次味覚野」と

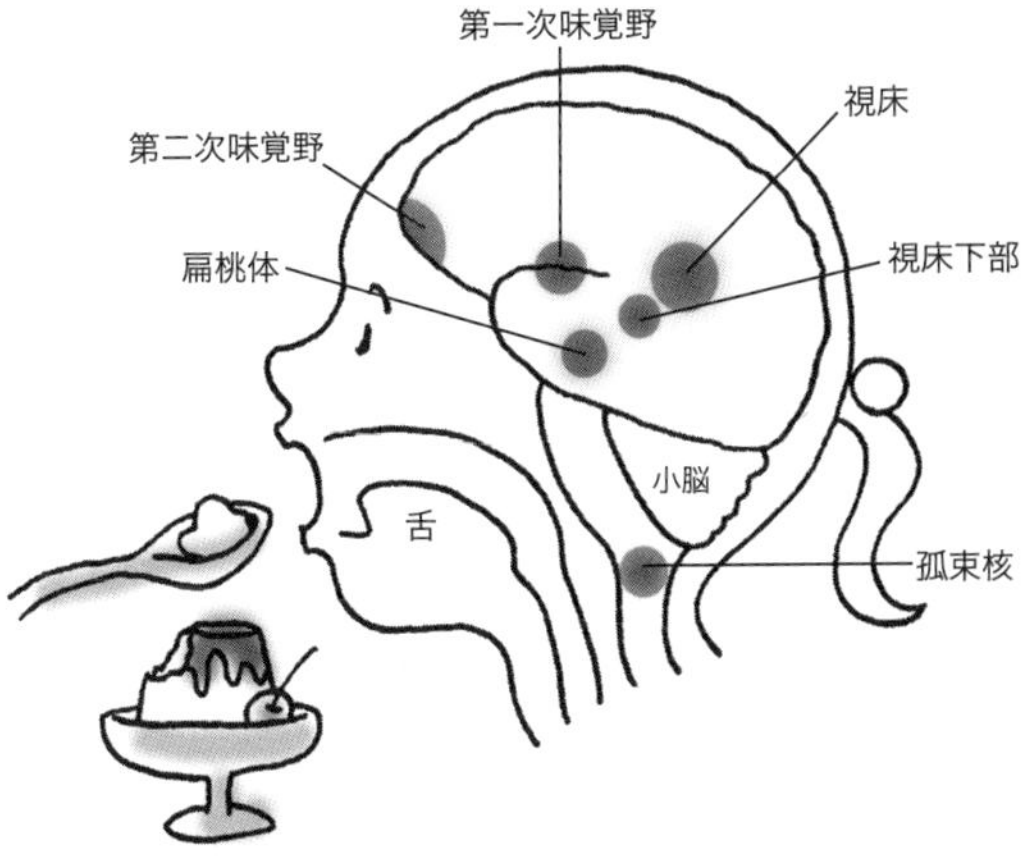

図2-1　味覚情報の神経伝達経路　山本（2001）を参考に作成

「第二次味覚野」があります。各部位がそれぞれ大事な役割をしています。第一次味覚野では「甘さ控えめで、ちょい苦」という〝味の認識〟を、第二次味覚野では「これはこれまで味わったことがないプリンだ」という〝味に関する認知・学習〟を、扁桃体では「このプリン好き」という〝感情と味の評価〟を、さらに視床下部では「もう一個食べよ」という〝摂食の開始・継続・停止に関わる処理〟をそれぞれ行っていると考えられています。

　当たり前ですが、プリンを食べたとき、それがプリンとわかるのは過去にそれを食べた場合のみです。食べものの味が、脳のどこで記憶されているかについては現在も十分わかっていません。しかし、視覚情報を感じる脳の視覚野では、たとえば赤ちゃんの顔に反応する神経細胞、すなわち「赤ちゃん神経細胞」群があることがわかっています。同じように、味覚野でも「プリン神経細胞」や「ラーメン神経細胞」のような、過去に経験した食べものに反応する神経細胞群が存在している可能性が考えられます。

プリンを食べると、口の中でプリンが物理的にバラバラにされますが、プリンの風味や食感という「情報」もそれぞれバラバラにされます。それらの分解された情報が延髄の孤束核、大脳皮質味覚野などへ伝わり、「プリン特有の神経ネットワークの興奮パターン」として情報が統合され、過去の情報と照らし合わせることによって最終的にプリンと識別していると考えられます。もし、このプリンの神経刺激パターンを再現することができたら、プリンを食べなくても、プリンの味を脳で感じることができるでしょう。つまり、脳を刺激するだけで、その料理を〝味わえる〟ということです。まだ、SFの世界の話ですが、記憶された思い出の料理、感動した料理を脳内で再生することもいずれ可能になってくるかもしれません。

好き嫌いが生まれるメカニズム

多くの人がおいしいと思う料理もありますが、セロリのような好き嫌いがはっきり分かれる野菜もあります。自分が好きでも他人は嫌いという場合や、その逆のパターンもあります。同じ料理を食べても、おいしさの判断は、個人の主観によるものです。料理の総合的なおいしさは、その人が育ってきた環境や食文化、個人的な食体験、先入観などの影響を受けるのは当たり前としても、なぜおいしさの判断に個人差が生まれるのでしょうか。

これは、料理の「好き」や「嫌い」を日々アップデートしていることが関係していると考えられています。料理を食べたときの五感の刺激は、「大脳皮質」の各「感覚野」に伝わります。各感覚野の情報は、大脳皮質の「連合野」で統合されます。この部分は、ほかの動物に比べて、ヒトでとくに発達しているところです。一方でこれらの情報は、脳の中心部にある「大脳辺縁系」にある「扁桃体」にも伝えられます。扁桃体は、「好き・嫌い」を判断する重要なところですが、隣接する「海馬」を通じて、記憶情報と照合しながら判断されています。ここでの判断は、ふたたび大脳皮質の連合野に送られ、総合的な判断に影響を与えると同時に、海馬を通じて、新たな記憶として保存されます。

つまり私たちのおいしさの判断は、一種の二重構造になっていると考えられています。大脳辺縁系（古い脳）の扁桃体での動物としての基本的な「快・不快」の判断と、ヒトに顕著に発達した大脳皮質（新しい脳）の連合野での文化、習慣、個人などのこれまでの経験に基づいた「おいしさ」の判断です。両者の判断は、互いの情報に強く影響されます。扁桃体のほうが、安全性を判断する本能的なものであるのに対し、大脳皮質は情緒的であるといえます。

扁桃体で感じる生得的なおいしさと大脳皮質で感じる後天的なおいしさがせめぎ合う中、現代は、食の情報の氾濫によって、おいしさの感覚が大脳皮質の連合野が優位になっている状態なのかもしれません。

誰でもおいしいと思う料理と、好き嫌いが分かれる料理があるのは、脳の食に対する嗜《し》好が、生まれつきの好き嫌いがベースになっているものの、後天的な要素である学びによってどんどんバージョンアップされていることによるからです。楽しい雰囲気の中で食べたものが好きになったりする「味覚嗜好学習」や、ある料理を食べてお腹が痛くなったりすると、その料理が嫌いになったりする「味覚嫌悪学習」を繰り返すことによって、その人の味の好みが次第に固まっていくのでしょう。

◉人間が抱える料理へのジレンマ

「変わったもの」が食べたくなるのはなぜか

「単調な食事を続けていたら、食欲がなくなった」という経験をした方は、多いのではないかと思います。これを栄養学的観点から見ると、単調な食事を続けると、栄養が偏ってアンバランスになるのを防ぐという理屈で理解できます。実際、体が必要とする栄養素が欠乏すると、その栄養素を含むものが無性に食べたくなり、食べてみるとおいしく感じます。大量に汗をかいたとき、塩味が効いたものを欲する感覚です。

しかし、栄養バランスのよい食事であっても、毎日食べ続ければどんな料理にも必ず飽きがやってきます。「ワンパターンな食事に飽きて、変わったものが食べたくなる」のは体調や栄養バランスなどの生理的な感覚を超えた「何か」があるように感じます。

あるジャーナリストの方から聞いた話ですが、自衛隊が災害後、避難所などで被災者に長期に渡って食事を提供する場合、一週間の決まった食事をひたすら繰り返すのだそうです。一週間のセットで食事メニューを考えると食材供給や調理方法などがルーチン化でき、栄養面でも偏る心配がないなどの合理性によるものですが、このような食事を提供すると被災者の方は次第に飽きてしまい、自発的に避難所から出て自炊を始め、結果的に自立する人が多くなるのだそうです。このような背景にあるものはいったい何でしょうか。

近年、心理学・行動科学の分野で、ある仮説が提唱されました。「人は単純な食事には〝飽き〟を感じ、料理により変わったものであったり、〝微妙なずれ〟を求める」というものです。つまり、普段とは違う食事を食べることによって、いつもの食事では感じないちょっと変わったワクワクやドキドキを感じたいという欲求が、人の心理、すなわち人の脳に生まれながら備わっているのではないかという説です。私たちが食に飽きを感じ、微妙なずれを求めるのは、いったいなぜなのでしょうか。

「新しい食べもの、怖い。けど食べたい」という心理の背景にあるもの

私たち人間はそもそも、いろいろなものを食べる「雑食性動物」です。それに対し、パンダはササの葉だけを食べ、コアラはユーカリの葉だけしか食べません。動物の生き残り戦略を考えると、雑食性動物は、慣れ親しんだ食べものが入手困難な状況になったとしても、それ以外の食べられるものへと嗜好をシフトすることによって飢餓を脱し、生存する確率を高めることができます。いわば環境適応性に優れた生きものであるといえます。

しかしその一方で、新たに見つけ出した食べものが毒性を持っていたり、栄養バランスが悪いものであれば、健康を損ね、最悪死に至る可能性もあります。そのため、野生の雑食動物にとっては、新しい食べものを食べるときには必ずリスクと対峙《じ》しなければなりません。

すなわち雑食性動物は、食べたことのないものを食べることに躊躇《ちゅうちょ》する「食物新奇性恐怖」と積極的に食べようとする「食物新奇性嗜好」という相矛盾する行動傾向を生まれながらあわせ持っているということです。定番のものが食べたい一方で、変わったものも食べたいというジレンマは、雑食の動物だからこそ湧き出る感情なのでしょう。草食動物のゾウやカバ、肉食動物のトラやライオンのように決まったものしか食べない「単食性動物」は感じ得ない悩みです。

私たちの食の欲求は、この「保守」と「革新」の間で揺れ動いています。「今晩、何食べる？」と聞かれても、なかなか決められないときは、この「雑食性動物であるがゆえの葛藤」がその背景にあるからなのかもしれません。

雑食性動物であるがゆえに「分子調理」が必要？

雑食性動物が持つ食べものへの新奇性恐怖と新奇性嗜好のジレンマを解消してきたのが、人の「調理」という行動です。

食べたことのない食材、たとえばカエルを姿焼きで出されると、拒否感を抱く人が多いでしょうが、見慣れた鶏のから揚げ風に調理すれば、食べる人が激増するでしょう。慣れ親しんだ調味料で味付けしたものであれば、「あっ、意外とおいしい！」と好評価されるかもしれません。この「調理」という人の操作が、新奇なものを食べるという恐怖を緩和させるのに一役買っています。

私たちの祖先は、恐怖を上回る「好奇心」で食べたことのないものをどんどん自分たちの調理法の中に組み込み、新たな食事のレパートリーとして加えてきました。食材を調理することによって、そのままでは食べられないものを食べられるものに

変え、さらに毒のあるものでさえ解毒して食べてきました。たとえば、熱帯・亜熱帯地方で重要な主食とされているイモ類の「キャッサバ（タピオカの原料）」には、有毒な青酸配糖体のリナマリンという物質が含まれていますが、人は加工・調理の過程でこの毒性の成分をきちんと除去し、可食化に成功しています。さらに、石川県の郷土料理には、猛毒の毒素テトロドトキシンが含まれるフグの卵巣を、二年以上塩漬けとぬか漬けにし、毒素をなくした珍味があります。人類がこれまで築いてきた食文化は、雑食性動物のチャレンジ精神の上に成り立っています。

また、料理雑誌編集者の畑中三応子さんは、流行の洋服や音楽、アートやマンガなどのポップカルチャーと同じ次元で〝消費〟される食べものを「ファッションフード」と名づけています。ティラミス、ナタデココ、紅茶キノコ、モツ鍋、塩麹など、激しい流行り廃りがこれまでにありました。このような食に〝ファッション性〟を求める願望も、雑食性動物の脳にプログラミングされた本能なのかもしれません。

「同じものばかり食べるのは飽きる」、「新しいものが食べたい」という雑食性動物のいわば根源的ともいえる欲求に答えるためにも、「分子調理学」や「分子調理法」によって、これまで誰も見たことのないような新しい料理を生み出し、「新奇性恐怖」が起こらないように提供することは社会的にとても価値のあることだと思います。

コラム4　ニューロガストロノミー

「神経の」または「神経学の」という英語の接頭辞は「ニューロ（neuro-）」ですが、このニューロがついた言葉が増殖中です。

ニューロエコノミクス（neuroeconomic、神経経済学）、ニューロファイナンス（neurofinance、神経金融）、ニューロマーケティング（neuromarketing、神経マーケティング）、ニューロエソロジー（neuroethology、神経行動学）、ニューロエステティクス（neuroaesthetics、神経美学）、ニューロデザイン（neurodesign、神経デザイン）などがあります。食の分野でも、二〇一一年にイエール大学教授の神経科学者ゴードン・M・シェファード氏が*Neurogastronomy*（ニューロガストロノミー、神経美食学。邦題は『美味しさの脳科学』）というタイトルの書籍を出版しています。

〝ニューロ大繁盛〟の背景には、脳神経科学から人間の思考、行動、感情を理解しようとする思惑があります。脳の活動から、そんな簡単に人の気持ちがわかるのでしょうか。私たちが料理を味わっているときの脳の活動が、「脳機能イメージング法」によって、人に無害で調べることができるようになりました。そのひとつであるfMRI（磁気共鳴機能画像法）などを用いて、脳活動の分析から感情を推測することは次第に現実味を帯びてきています。

実際にソムリエが、ワインを味わっているときの脳活動を一般の人と比較すると、脳の活動する場所が異なっていることがわかっています。さらに、空腹時と満腹時の脳活動部位の違い、男女の甘いものに対する反応の違いなども研究されています。

また、ある論文では、前頭葉の腹側面に位置している「眼窩《か》前頭皮質」の活動から「快か不快か」を予測する成果も発表されています。つまり脳の活動パターンの測定から、その人の食べものの好き嫌い、デザインの好き嫌い、さらには人の好き嫌いまでも判断できるかもしれないということです。

レストランなどで、どのような料理をどのようなシチュエーションで提供すればより客が満足するのか、その人の脳の活動を測定することで、言葉で話すよりもっと明快にわかるようになるでしょう。それがよいか悪いかはさておき、シェフが、客がおいしさを感じているときの脳での神経細胞の興奮パターンを把握し、それを再現するような料理を登場させる可能性があります。
さらに、これから人がより満足し、新しく、そしておいしい料理を提供するうえ

で、生理学や脳科学といった自然科学、心理学や行動科学といった社会科学、さらにそれらの文理融合の知識が活かされるようになるでしょう。シェフは将来、脳科学や心理学が〝必修〟になる時代がやってくるかもしれません。

二　料理の味とにおいを感じる

◉「料理の味を感じる」の科学

舌の上での味分子の〝受信〟

「私たちが料理の味をどのように感じているのか」については、二〇世紀以前から多くの人の興味の対象となっていました。一八二五年に刊行された美食家ブリア・サヴァランの『美味礼賛』には、「舌は、その表面に相当数多く散在する乳頭によって、それが接触する物質の味を含んだ可溶的な部分を吸い込む」という記述があります。味物質が、舌の表面から〝しみ込む〟と考えられていたようです。

現在では、味に関わる分子が、まず「味蕾」で〝受信〟されることが、味を感じるスタートと考えられています。図2-2に示すように味蕾は、舌の先端を中心に広い範囲で存在する「耳茸乳頭《じじょうにゅうとう》」と舌の奥に限定された範囲に存在する「有郭乳頭《ゆうかくにゅうとう》」や「葉《よう》状乳頭《じょうにゅうとう》」に多数存在しています。さらに、舌以外にも、上あごのやわらかい「軟口蓋《なんこうがい》」

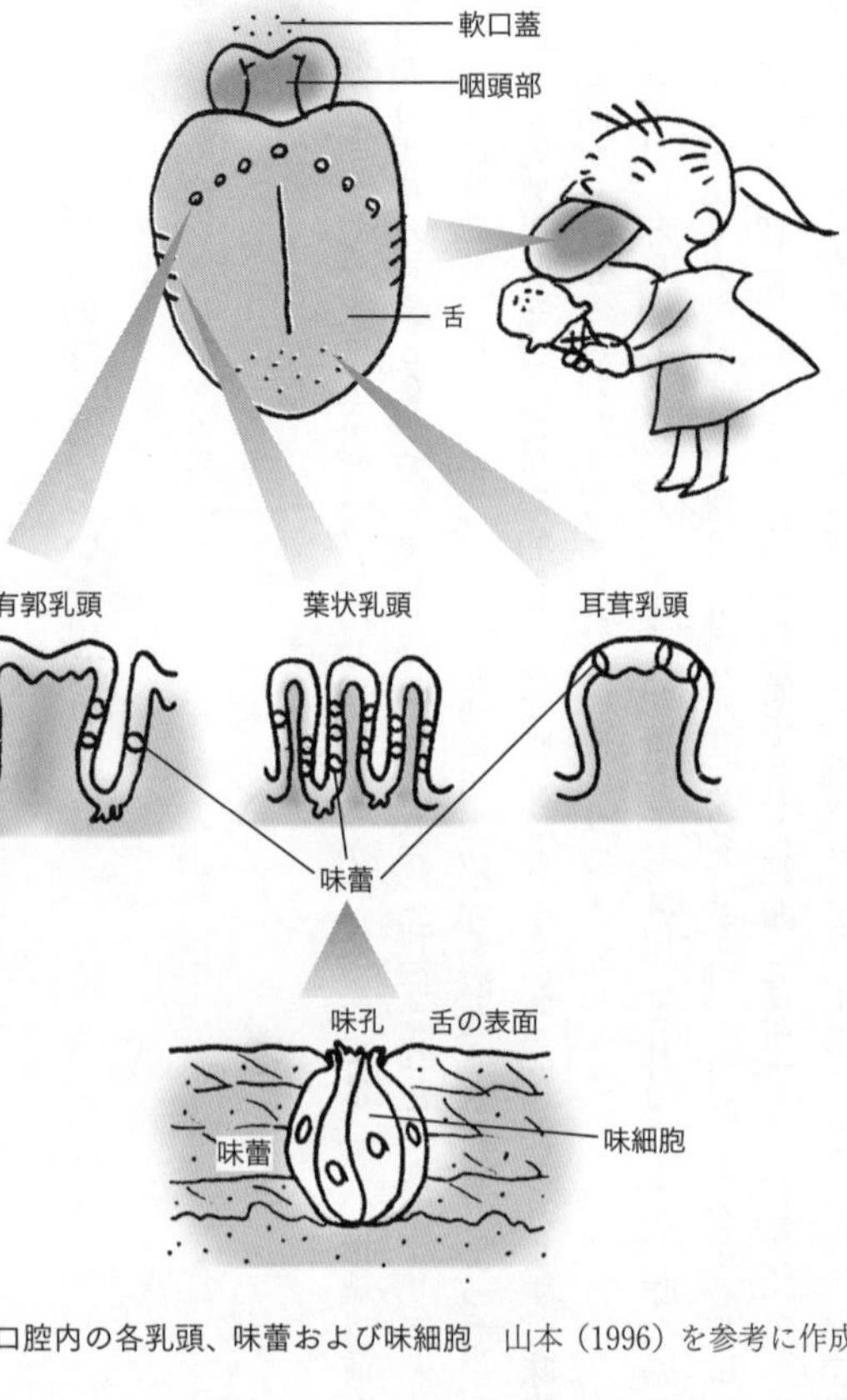

図 2 - 2　口腔内の各乳頭、味蕾および味細胞　山本（1996）を参考に作成

やのどの奥の「咽頭部《いんとうぶ》」にも存在しています。

味蕾は、長い紡錘形をした「味細胞」が縦に三〇〜七〇個集合したタマネギのような形をした小さな細胞集合体です。味蕾の先端には小さな穴（味孔《みこう》）が開いていて、ここだけが口の中の唾液と接触しています。食べものからの味分子は、唾液に溶け込み、味蕾の先端から顔を出している味細胞に〝触れる〟ことによって、味細胞に化学的な変化が起こり、複雑な情報伝達を経て、味の情報が脳へと伝わっていきます。

基本味が五つである理由

甘味、苦味、酸味、塩味、うま味が、科学的に基本味である理由は、脳でそれらの味がしっかりと認知されるとともに、分子生物学の研究によってそれぞれの味覚受容体が発見されたという事実によります。日本人が見つけたうま味が「umami」として国際的に認められたのも、このうま味を感じる受容体を人が持っていることが科学的に明らかになったことが大きいです。

甘味、苦味、うま味の物質は、味細胞の細胞膜にある「Gタンパク質共役七回膜貫通型受容体」により受容され、酸味と塩味物質は味細胞膜上でイオンの流出入を行う「イオンチャネル」に作用します（図2-3）。

現在、口の中でカルシウムに反応する受容体や、油の構成成分である脂肪酸に反応す

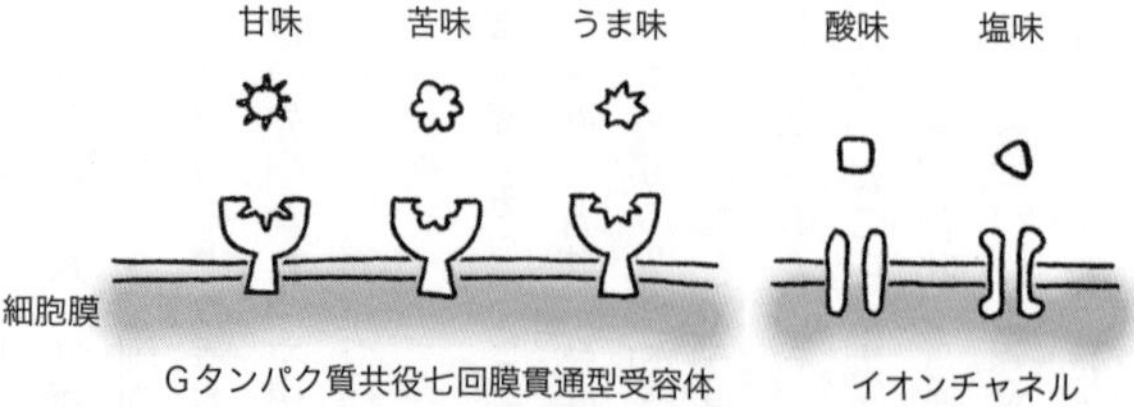

図２－３　基本味の受容体

る受容体が見つかり、カルシウム味や脂肪味が六番目、七番目の基本味になる可能性が考えられています。これらが基本味になるかどうかは、神経回路や脳活動部位がほかの基本味とは異なることを示す必要などがあり、証明するのは決して容易ではありません。

一方、日常的に感じる味の辛味は、味蕾を介さず、味蕾の近くに存在する神経自由終末によって受容されます。辛味は、痛覚や温度感覚と同様であり、味覚神経とは異なる「三叉神経」を介して伝達されるため、味覚神経を介する味とは区別され、基本味の仲間には入っていません。

また、今から一〇〇年以上も前に「舌の味覚地図」が発表され、基本味の感受性が舌の位置によって異なるといわれています。舌の先端は甘味、へりは塩味と酸味、のどの奥は苦味に敏感というものです。しかし、最近ではこの味覚地図は必ずしも正しくないという考えに変わり始めています。

人間の感覚を用いて食品の特性や品質を評価する官能検査によって、舌の先端は甘さに特別に敏感というわけでなく、甘味、塩味、酸味、苦味、うま味のすべてを敏感に感じることがわかりました。舌のへりも塩味や酸味だけでなく、すべての味に敏感であることがわかっています。さらに、舌の奥が、苦味に対して敏感なのはこれまでどおりですが、同時に酸味やうま味に対しても敏感という研究報告もあります。

加齢による味覚の衰えの原因とは

一般的に、味覚は年齢とともに衰えていくと考えられています。健康な若い人と高齢者を対象とした味覚検査では、六〇歳くらいから味覚の感受性が低下すると報告されています。もちろん個人差があるので、なかには若い人と変わらない敏感な味覚を持っている高齢者の方もいます。

辛味成分を用いた触覚刺激の実験から、感覚器を通じて刺激を中枢に送る能力は加齢によって低下しないことがわかり、味覚の衰えの原因には、中枢神経の情報処理能力の問題よりも、〝味蕾の変化〟が関係していると考えられています。

その味蕾の数は、年齢とともに減少すると考えられています。乳児の味蕾は一万個にもおよび、舌だけでなく、ほっぺたの内側の粘膜や唇の粘膜にも存在します。それが成長とともに減少し、成人では舌に約五〇〇〇個、それ以外の部分は約二五〇〇個程度になります。味蕾の数が顕著に減少するのは七五歳以上からとされていますが、動物実験ではあまり変わらないという報告もあり、明快な答えは出ていません。味蕾の数に関わらず、加齢によって味を感じにくくなる現象が存在するのはなぜでしょうか。そのヒントが、味蕾を形成している味細胞の「ターンオーバー」です。

味細胞の寿命は短く、通常一〇日前後といわれています。味細胞が寿命を迎えると、その周りの上皮細胞が味蕾内に入り、新しい味細胞に分化します。古い味細胞は消失してまた新しい細胞が生まれるターンオーバーを絶えず繰り返しています。高齢になると、味蕾の数があまり変わらなくても、このターンオーバーの速度が遅くなり、その結果、味細胞の機能低下、すなわち味を感じにくくなるのではないかと考えられています。皮膚を構成する細胞が、加齢によってターンオーバーが遅くなり、肌にシワが目立つようになるのと同じ原理です。

◉「料理のにおいを感じる」の科学

においを表現するのが難しいのは、受容体がたくさんあるから？

風邪や鼻炎などで鼻がつまったりして、料理の味がわからなくなったり、まったくおいしく感じられなかったりした経験をした方も多いでしょう。おいしく味わうとき、味とともに「におい」の感覚も重要な役割を演じています。

空気中を漂うにおいの分子は、鼻腔の粘膜内の「嗅上皮《きゅうじょうひ》」に存在する「嗅細胞《きゅうさいぼう》」でと

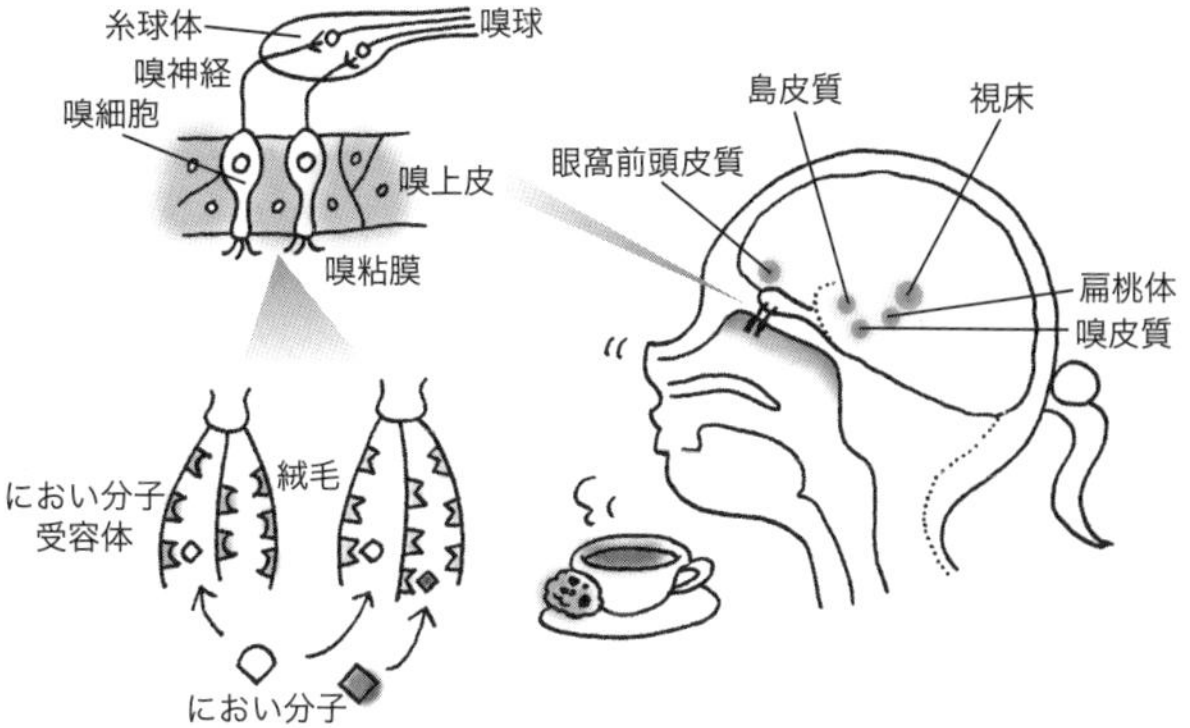

図2－4　味覚情報の知覚と神経伝達経路　森（2010）を参考に作成

らえられ、その情報は嗅神経を伝わって脳に送られます。嗅細胞の先端部にある嗅絨毛《きゅうじゅうもう》には、味蕾にある基本味の受容体と同じような、においの分子と結合する受容体が存在し、においの種類によって異なる受容体が反応します（図2－4）。

嗅覚受容体は、味における代表的な五つの基本味のようなしくみではありません。ヒトには約三九〇種類の異なる受容体が数百万個の単位で存在しています。その数十の嗅覚細胞にたった二五〇個のにおいの分子が結合することで、そのにおいを感じるといわれています。また、特定の一種類の物質が特定の受容体にのみ結合するわけでなく、いくつかの類似した分子が結合できることから、多くの香りに対応することができます。

嗅覚を刺激する料理が記憶に残りやすいわけ

プルースト『失われた時を求めて』に、「紅茶に浸したマドレーヌを口にしたとたん、遠い昔の子供の頃を思い出す」という有名な一節があります。このような体験談は誰しも持っているのではないかと思います。料理の香り、花のにおい、香水の香りなどから昔の楽しかった、また悲しかった思い出を鮮明に思い出すことは、「プルースト効果」と呼ばれています。食べものの味よりもこの香りやにおいが古い記憶を呼び起こし、感情に強く訴えるのは、「においを感じる脳のしくみが味覚とは異なる」ことがひとつの要因です。

図2-4に示すように、「嗅細胞」から送られたにおいの情報は脳内に入り、「嗅球《きゅうきゅう》」の「糸球体《しきゅうたい》」と呼ばれる場所に送られます。嗅球からの情報は、「嗅皮質」と呼ばれる部位を経由して大脳辺縁系に入ります。大脳辺縁系から側頭葉の深い部分にある「島皮《とう》質」や「視床」などにも達しています。においの情報は、大脳皮質の「眼窩前頭皮質」に大量に送られることがわかっています。眼窩前頭皮質は前に述べた第二次味覚野の場所でもあり、ここにあるニューロンは食べものの味情報とにおい情報、さらに温度・舌ざわり情報を特別な組み合わせで集めていることがわかっています。そのため、眼窩前頭皮質で味と香りと食感の統合が行われています。

嗅覚情報は、味覚情報と異なり、嗅細胞から直接脳内に伝わり、その後もいくつもの段階を経ることなく、脳の高次中枢に送られます。「扁桃体」など、好き嫌いや記憶をつかさどる部位の近くに投射されることから、においは情動や記憶に関与しやすいといわれています。

また、嗅覚は、五感の中でも突出して感度が高く、鋭くて、記憶力もいい感覚であるといえます。これは味覚や視覚などと違い、鼻の粘膜の受容体からのシグナルが脳にダイレクトに入るので、ほかの感覚に比べて〝ノイズ〟が入りにくいからでしょう。この嗅覚の鋭さの理由には、野生動物が、口の中にものを入れる前に、腐ったにおいで食べものの安全を判断し、身を守ることが背景にあるといえます。

嗅覚を制御し、記憶に残る料理をつくる

料理は五感で味わいますが、嗅覚が中心にあるという人もいます。五感は、大きく「遠受容性感覚」と「近受容性感覚」に分けることができます。遠受容性感覚は、視覚や聴覚など、対象が離れていても感じることのできる感覚です。一方、近受容性感覚は、味覚や触覚など、実際のものが体に触れたときの感覚です。

目や耳の遠受容性感覚を用いると、野生動物の場合、遠方からでも食料や仲間をいち早く見つけることができるうえに、外敵から身を守ることもできます。しかし、私たちが雑誌やウェブサイトでよさそうだと思った飲食店の料理が、実際行って食べてみたら

いまいちだったことはよくあり、視覚や聴覚だけの情報は客観的でない場合があります。
それに対し、口の近受容性感覚は正確性とリアル感が非常に強く、赤ちゃんに甘いものやうま味の強いものを与えると微笑むような表情を見せます。肌で感じる触覚も同様で、やさしく触れられると心地よい感覚をもたらす一方で、手荒く扱われると激しい嫌悪の感情が沸き起こります。このような反応は、視覚や聴覚のみでは喚起することができない生々しさがあります。

鼻の嗅覚は、ちょうどこの遠受容性感覚と近受容性感覚の中間にあるといえます。対象物であるにおい分子は離れていても感じることができますが、その届く範囲は限られており、対象物がある程度間近である必要性があります。その一方で、視覚や聴覚と比べて強い感情を引き起こします。

においは、人の心理に働きかけ、行動を無意識に変える力を持っています。たとえば、ミントやコーヒーの香りは精神的なストレスを緩和させることが報告されています。このストレス緩和作用は、誰にでも起こるわけではなく、ミントやコーヒーの香りを正しく認識でき、それを快適と感じた人にのみ生じます。つまりこの効果は、香り分子の薬理的な作用ではなく、メンタル的なものであるといえます。

また最近、においをビジネスツールとして使っていこうとする動きが盛んになっています。昔から、鰻屋、焼肉屋、焼鳥屋などから香ばしいにおいを漂わせることは、〝広報〟の一環だったことでしょう。料理をつくるうえで、においをいかにコントロールして人を期待させ、そして満足させるかが、その料理の好き嫌いや記憶に残るかを決めるのにとても重要であるといえます。

◉味とにおいの相互作用

おふくろの〝味〟は、おふくろの〝におい〟!?

オレンジジュースとグレープフルーツジュースを使った簡単な実験があります。目をつぶって鼻をつまみ、どちらかのジュースを飲んで当てるというものです。学生にこの実験をやってもらうと、「あれっ」と首をかしげることが多いです。さらに、リンゴジュースとモモジュースも意外と〝飲み分け〟が難しい組み合わせです。ジュースの酸味と甘味の強さがほぼ同じものは、鼻をつまむとオレンジやリンゴ特有のにおいが感じられなくなり、区別しにくくなります。

私たちが普段「オレンジ味」や「グレープフルーツ味」として感じているのは、実は〝味〟ではなく、「オレンジのにおい」や「グレープフルーツのにおい」だということが実感できる実験です。

また、アメリカ合衆国の耳鼻咽頭科学の統計によると、「味がおかしい」と訴えて来院した患者を診察すると、多くが味覚ではなく、嗅覚に異常が見られたそうです。このような事例からわかるように、私たちが「味」といっているのは、味ではなく「におい」であるケースが非常に多くあります。おふくろの味や感動した思い出の味も「味の記憶」ではなく、「においの記憶」である可能性が高いでしょう。

イルカは「フレーバー」を感じることができない

私たちがコーヒーを飲むとき、飲む前の〝鼻から吸い込む香り〟が「アロマ」、飲んだあとの喉から〝鼻に抜ける香り〟が「フレーバー」とされています。「風味」は、料理を食べたときの、おもに味とにおい、すなわち味とフレーバーを合わせた総合的な感覚とされています。料理中の風味には、味と同等もしくはそれ以上にフレーバーの貢献度が大きいにもかかわらず、味が重要だと思ってしまうのはなぜでしょうか。その要因のひとつとして、「解剖学的な構造の重要性」が指摘されています。

ヒトとイルカのにおいを感じる経路には違いがあることがわかっています。ヒトでは、アロマとフレーバーを感じるふたつの経路があるのに対し、イルカの場合、口内と鼻腔がつながっていないため、アロマしか感じることができません。外気中のにおい分子を直接鼻から吸って生じる嗅覚は「オルソネーザル嗅覚（前鼻腔性嗅覚）」、食べものを口にした際に食べものの分子が咽頭から鼻に抜ける嗅覚は「レトロネーザル嗅覚（後鼻腔性嗅覚）」と呼ばれています。

ヒトは口の中から発散されたにおいを、喉の奥を通して鼻で感じることができる構造的な特徴を持っているため、味とにおいを同時に感じることができ、このことが味とにおいの区別をしにくくしているのではないかと考えられています。

味とにおいの相互作用が食文化をつくった

味とにおいという別々の情報が、風味として再構成される意義は、進化の過程での生存戦略だとも考えられています。味の種類は五種類しかありませんが、数十万種類といわれるにおいの情報と組み合わせることで、食べる前により詳細に食べものを判断することができます。その結果、摂取できるもの、避けるべきものを選択するうえでの確実性が向上します。このように、動物の生存にとって味とにおいの相互作用は重要です。

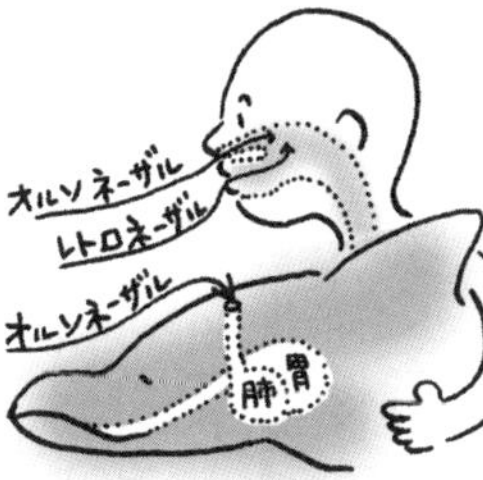

カレーのスパイシーな香りを嗅げば、大抵の人はカレーの味が想像できるでしょう。このように、特定のにおいから味が連想されるというのは、嗅覚と味覚がシンクロしているということです。おいしい料理を生み出すうえでも、味は味覚、においは嗅覚と別々の感覚器からの刺激ですが、異なった感覚間でどのような相互作用が起こっているかを

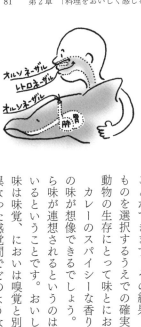

把握できれば、そのヒントが得られるかもしれません。たとえば、キャラメルフレーバーティーは、キャラメルの甘いにおいによって、甘さが増したような感覚になり、甘味の満足感を得つつ糖分を減らすことができます。また、減塩醤油に、醤油のにおいを添加することで、塩味に対する不足感を和らげる商品なども開発されています。これは、醤油のにおいが塩味を補強したと考えられます。

食品の風味には、いろいろな感覚が関与していますが、味覚と嗅覚だけを取り上げても、そこには多くの味分子とにおい分子が関わっており、さらにこれらの組み合わせによる膨大な相互作用が料理の中で繰り広げられています。

コラム5　うま味相乗効果の分子メカニズムと「ウマミ・バーガー」の開発

昆布とカツオ節からとっただしは、和食の基本です。丁寧にだしをとったすまし汁の上品な風味をいただくと、思わず顔がほころびます。「日本人でよかった〜」と心から思える瞬間です。

昆布だしのうま味成分グルタミン酸にカツオ節のうま味成分イノシン酸を合わせると、うま味が増す「相乗効果」は昔からの日本人の知恵でわかっていました。うまみ1の昆布と、うま味1のカツオ節を合わせると、そのだしのうま味は八倍になります。また、シイタケなどに含まれるイノシン酸と同じ核酸系のグアニル酸も、グルタミン酸によるうま味を三〇倍に増強します。つまり合わせだしは、１＋１＝8や１＋１＝30というミラクルを起こします。

これまで、なぜ「昆布とカツオ節」または「昆布とシイタケ」を合わせるとおいしくなるのかはずっと謎のままでした。しかし、その相乗効果の分子レベルでのメカニズムが次第に明らかになってきました。

うま味を感じる受容体である「Ｔ１Ｒ１」と「Ｔ１Ｒ３」は、豆から芽が出たあとの〝双葉〟のような形をしています。グルタミン酸とイノシン酸が、双葉のどの部分に結合するか特殊な細胞を使って調べたところ、グルタミン酸は双葉が枝分かれする根元に、イノシン酸は葉の先端にそれぞれ結合することがわかりました。イノシン酸が結合すると、葉が二枚合わさった構造になり、グルタミン酸が安定して受容体中にとどまるため、うま味のシグナルをより細胞内に伝え、その結果、味を増強すると結論づけられました。

グアニル酸のうま味増強に関する分子メカニズムもほぼ同様です。双葉のグルタミン酸受容体にうま味成分のグルタミン酸が結合すると、うま味の知覚を神経に伝える「スイッチ」が〝オフ〟状態から〝オン〟状態になり、最終的に脳でうま味を感じるようになります。グルタミン酸が結合した双葉に、さらにグアニル酸が双葉の先に結合すると、「アロステリック効果」という受容体の構造変化によって、シグナルの〝オン〟の状態が安定化し、さらに長い間保たれることによって、より強いうま味を感じるということがわかってきました。

　このうま味の相乗効果を利用して、うま味成分を多く持つ自然食材や加工食材を使った《ウマミ・バーガー（Umami Burger）》というハンバーガー屋が、バーガーの聖地ともいえるアメリカに登場しています（二〇一七年一二月、日本一号店がオープン）。

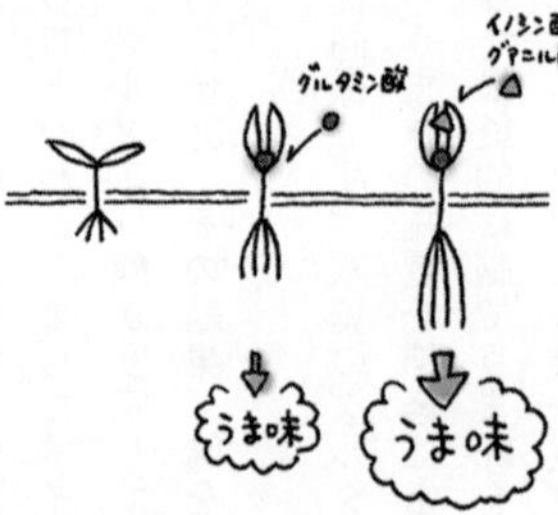

　そのレシピも公開されており、具材には、熟成によってうま味を増す「牛肉」のパテに、バターで炒めた「シイタケ」、パルメザンチーズをおろして焼いた「パルメザン・チップス」、「オーブンドライトマト」、タマネギを四〇分以上炒めた「カラメルオニオン」といった、かなり強力なうま味ラインナップとなっています。そして調味料も、うま味の強いサンマルツァーノトマトやトマトペーストからつくった「ウマミケチャップ」、アンチョビ、たまり醤油、ウスターソースを合わせたオリジナル「ウマミ調味料」という徹底ぶりです。アンチョビは、イノシン酸が多いのと、発酵の過程でイワシのタンパク質から分解されて生じるグルタミン酸が多く含まれ

ており、単独でもうま味相乗効果が高い食材です。

イノシン酸やグアニル酸のような分子が、うま味の感覚を高める「うま味エンハンサー」としてどのように働いているのかを分子レベルで理解することは、うま味相乗効果メカニズムの解明に重要です。さらに、応用的には、ウマミ・バーガーのように理詰めの調理・調味の実現や、さらに料理に新しい次元の味付けをもたらすでしょう。

三　料理のテクスチャーと温度を感じる

◉風味と双璧をなすおいしさ、「食感」

料理の中で〝織り込まれる〟おいしさ、「テクスチャー」

外側がパリっと焼け、内側がモチっとしたフランスパンのバゲット。表面がほろほろと崩れるパイ生地とシャクッとした歯ごたえが残る紅玉りんごのコントラストが特徴のアップルパイ。真夏や空気が乾いた季節、のどをシュワシュワと刺激しながら胃に流れ落ちていく炭酸水やビールの爽快さ。味や香りが同じであっても、湿気たパンやパイ、気の抜けたビールやコーラは、やはりおいしくないものです。

料理のおいしさには、舌や鼻で感じる風味だけではなく、口にしたときの歯ごたえ、口あたり、舌ざわり、のどごしなどの物理的な「触覚」が大きく影響します。このような、食べものを口に入れ、咀嚼《そしゃく》し、飲み込むまでの唇・歯・舌・口蓋・のどなどで感じるさまざまな物理的な感覚は、「テクスチャー（texture）」と呼ばれています。もともと〝織る〟、〝編む〟という意味のラテン語「テクソ（texo）」から派生した言葉で、〝織物の風合い〟という意味で使われています。

テクスチャーという言葉を定義しようとするとこれがなかなか難しく、いろいろ提唱されていますが、一九六二年にアメリカのゼネラルフーズ社に勤めていたツェスニャク氏は、「テクスチャーとは、食品の構造的要素（分子レベル、微視的および巨視的なレベルの構造）と生理感覚的に感じとられる様子の両者を含有したものである」としています。つまり、料理を食べたとき、人間が口の中で感じられる物理的感覚「食感（mouthfeel）」と食べものが持っている物理的な性質「物性（physical property）」を合わせたものです。式で表すなら「テクスチャー」＝「食感」＋「物性」と表現されます。

テクスチャーは風味にも影響する

料理の中に存在する、舌で感じる甘味・塩味・酸味・苦味・うま味といった味覚分子や鼻で感じる香りの嗅覚分子が形成しているのが「化学的なおいしさ」であるとすると、唇、口腔内、咽頭、歯などで感じるテクスチャーは、料理の物性を反映する「物理的なおいしさ」であるといえます。テクスチャーは、風味とともに料理のおいしさに影響する二大要因と考えられています。

化学的なおいしさと物理的なおいしさは、食べものの種類によってそれぞれの貢献度が変わってきます。歯で嚙んで食べるクッキーなどの固形の食品では、テクスチャーの影響力が強く、そのまま飲み込むジュースなどの液体の食品では風味の影響が強いとされています。

さらに、風味成分である味やにおい分子が食品のテクスチャーを変えることは少ないですが、テクスチャー分子は食品中の味やにおい分子の口の中での拡散速度を変えるため、間接的に風味の強弱を変化させます。たとえば、あずきからつくられる固体の「あん」の糖度は約六〇%と高いですが、液体のさらさらした「おしるこ」で同じ糖度にすると甘すぎると感じるため、おしるこの糖度はあんと比べてだいぶ低く抑えられています。

一般的に食品がかたくなると、風味の強さが弱められる傾向があります。味や香りのする成分が、それらと結合する受容器へと到達しにくくなるためです。かたくて味が染み込みにくいニンジンやゴボウなどの根菜類を煮たり、とろみのあるカレーをつくるときなどは、味が染み込みやすいキャベツや白菜のような葉物野菜を煮たり、さらさらのスープカレーをつくるときよりも、濃い目に味付けることがポイントといえるでしょう。

固形の食品は、液体の食品よりも口の中にとどまる時間が長く、その間にテクスチャーは刻一刻と変化します。そのため、料理のおいしさに果たす物理的な役割は、風味よりも大きいと考えられています。

世界に類を見ないテクスチャー好きな日本人

日本人の主食であるごはんは、その適度なかたさや弾力性、そして粘りなどがおいしさを左右しています。さらに、小魚や煎り大豆の歯ごたえやトロや霜降り和牛のとろける食感、せんべいや焼き海苔のパリッと感、天ぷらの衣のサクサク感と具材のジューシー感のコントラストなど、日本料理におけるテクスチャーの役割は、想像以上に大きいといえます。

とくに日本人の食文化は「のどごし文化」ともいわれ、うどんやそば、ところてんや茶碗蒸しなど、のどを通過するときの感覚を楽しむ料理がたくさんあります。グルメレポーターが料理の味を表現するときなど、「やわらかい」、「とろける」など味や香りの感想よりもその食感の表現を多用しています。

実際、日本語のテクスチャーを表す言葉、サクサク、つるつる、ぷるぷる、ぼそぼそなどは、外国語に比べてかなり多いことが調べられています。アメリカ人が使うテクスチャー用語が合計七五語であったのに対し、日本人が使う用語はその五倍以上の四〇六語もあったという有名な報告もあります。

日本語におけるテクスチャー用語の豊富さは、日本料理には多彩なテクスチャーがあるというだけでなく、日本人はその食感を敏感に感じ取り、さらにそれを表現する術も持っているということを表しています。日本料理のシンプルで非常に繊細な水墨画のようなおいしさは、このテクスチャーが鍵を握っているといっても過言ではありません。

◉テクスチャーの正体

いろいろあるテクスチャーの特性

テクスチャーとは、具体的にどのようなものなのでしょうか。前述したツェスニャク氏らによって、テクスチャーの特性は、力学的特性（かたさ、凝集性、粘性、弾性、付着性）と幾何学的特性（粒子の大きさと形、粒子の形と方向性）、その他（水分含量、脂肪含量）に分類されています。

たとえば、さぬきうどんは、かたさ、弾力性、歯切れなどの力学的特性が独特の強いコシに影響しています。

また、うどんの麺の表面のつるっつるっとした食感も、のどごしの滑らかさに関係しています。

暑い夏などに、加熱したジャガイモをつぶして、生クリームで伸ばし、冷やしていただくヴィシソワーズは、ジャガイモの細胞がばらばらの粒子となって水に分散したスープです。口の中でサラサラと感じる粒子の幾何学的特性は、その細胞粒子の感覚です。この粒子感覚がないスープは、ジャガイモの細胞が壊れ、中からデンプンが流出しているため、糊のような食感となってあまりおいしいとは感じられません。

テクスチャー感知のしくみ

このテクスチャーを私たちはどのように感じているのでしょうか。

テクスチャー感覚は、皮膚表面で感じる触覚（または圧覚）と深部感覚に大別されます。味覚は、体の中でも舌などの一部でしか感じない感覚なのに対し、触覚は口腔内のみならず、皮膚の表面などでも感じることのできる感覚です。一般に、味覚のように体の特定部位にしか受容体機構を持たない感覚を「特殊感覚」、触覚のように体の表面ならどこでも感じることができる感覚を「体性感覚」と呼びます。

口の中で感じられた体性感覚の情報は、下顎では「三叉神経感覚核」、舌では「舌下神経核」、頰や唇では顔の「顔面神経核」を経て視床に達し、大脳皮質の「第一次体性感覚野」に投射されます。この第一次体性感覚野は、テクスチャーに関係する位置、大きさ、形の識別に関わっています。体性感覚野は、前頭連合野で味覚、嗅覚、視覚といった別の感覚情報と統合され、記憶された情報と照合されます。

また、食べものを口に入れ噛み、飲み込むという「咀嚼・嚥下《えんげ》」は、普段私たちは意識しませんが、口やのど周りの筋肉を協調的に働かせて行う複雑な運動です。この咀嚼・嚥下の運動は、食べた食品の物性や大きさによって変わり、さらに咀嚼が進行するとともにダイナミックに変化することが知られています。

食感の時代へ

かためのパンが好きな人もいれば、ふかふかのやわらかいパンが好きな人もいます。テクスチャー感知としての受容システムは誰しも持っていますが、それは経験、年齢によって変化し、個人によっておいしいと感じる食感はもちろん異なります。食品ごとにも最適な形状があり、その人によってテクスチャーの最適解はそれぞれ変わってきます。

また、テクスチャーは食べやすさに影響を与えます。手軽に食べられるチューブ食品や、乳幼児や高齢者向け食品、介護食などで、テクスチャーをコントロールした食品がたくさん市販されています。

おいしい料理をつくるためには、食品のテクスチャーがどのような特性を持っていて、それが人の感覚にどのように影響するか、どのように食感を感じさせるかについて考えることが大切でしょう。

◉温度の味わい

温度による風味の変化

冷えたアイクリームはおいしいのに溶けたアイスクリームは甘ったるく感じられたり、温かい味噌汁が冷めると塩味がきつくなると感じたことはないでしょうか。料理の「温度」も、料理のおいしさを決める大きな因子です。

アイスクリームの例のように、温度によってなぜ甘さが変わるのかについては、甘さの味覚を感じる味細胞の受容体からの化学反応が、温度によって変化するからだと考えられています。甘味やうま味などの細胞膜上で味分子を受け取る受容体は、体温付近の温度でもっとも感受性が高いのに対して、塩味や酸味などのイオンチャネルは温度の変化を受けにくいという性質があります。

アイスクリームを自分でつくってみると、入れる砂糖の量の多さにきっと驚かれるでしょう。これは、冷たいアイスクリームを舌に乗せると、その温度によって甘味受容体から発信される情報が抑えられるためです。また、温かい味噌汁でちょうどいいうま味成分は、その温度が下がっていくとだんだん弱まってしまうのに対して、塩味は温度によってあまり変わらないため、冷たい味噌汁は塩味だけが際立つようになります。

さらに、温度は、食べものや飲みものの香りの「立ち方」に影響を与えます。一般的に食べものの温度が上がれば香りが立ち上がり、嗅覚器で感じることになります。温かい汁物からは気体の香気分子が大量に発散しています。コーンスープや中華スープをスプーンやレンゲを使って飲む場合よりも、味噌汁をお椀から直接飲む場合のほうが、より多く香気成分を取り込めます。

温度をどう感じているか

温度は、味覚と異なり、体の表面ならどこでも感じることのできる体性感覚です。

味覚は、味分子が味細胞に作用することによってシグナルが脳に伝わりますが、温度感覚の場合、味細胞のような特別な細胞を必要としません。温度刺激は、皮下にある神経の末端に直接作用することで引き起こされると考えられています。

温度変化に劇的に応答する神経線維には、四〇〜四五℃でもっともよく反応する「温線維」と、二五〜三〇℃でもっともよく反応する「冷線維」が存在し、うまく役割分担がなされています。これらの神経は、体温近くの温度である三〇〜四〇℃の温度にはほとんど反応しないため、私たちは通常、体温付近の温度には熱いとも冷たいとも感じません。

トウガラシの〝ニセ熱さ〟とハッカの〝ニセ冷たさ〟

料理の温度に関係なく、食材の種類によってはそれを食べて熱く感じたり、冷たく感じたりするものがあります。東洋医学では、古くから体を温める〝陽〟の食材、体を冷やす〝陰〟の食材が知られています。体を熱くさせるものといえばトウガラシで、冷たくさせるものではハッカやミントなどが有名ですが、その作用メカニズムが次第にわかってきました。

トウガラシの辛味成分の「カプサイシン」は、舌や口腔にある「TRPV1」という受容体に結合し、辛味の刺激を伝えます。体内に吸収されたカプサイシンは、副腎皮質ホルモン（アドレナリンを主体とするカテコールアミン）の分泌を促進し、発汗・発熱を促します。口の中でカプサイシンは熱くそして辛く感じます。このTRPV1は、カプサイシンだけでなく、熱の刺激を受容する受容体でもあります。つまり、熱とカプサイシンという異なる刺激によって同じように体が反応します。トウガラシの刺激は熱くなくても熱く感じる〝擬似熱さ〟、〝ニセ熱さ〟であるといえます。

一方、トウガラシとは反対に、ハッカやミントのひんやりとする成分の「メントール」は、体の表面にある冷感受容体の「TRPM8」に結合し、冷感刺激が脳へと伝わり、体温を下げたような応答が体に起こります。これもカプサイシン同様、メントール刺激は、〝擬似冷たさ〟、〝ニセ冷たさ〟だということです。

つまり、カプサイシンやメントール分子が熱さや冷たさに関わる受容体に作用することで、実際は熱くも冷たくもないのに、脳が勘違いするということです。温めるカプサイシンと冷やすメントールを同時に食べるといったいどうなるでしょうか？　実際に、唐辛子とミントの葉を買ってきて、同時に食べてみました。互いのよさを打ち消し合う、なんとも混乱した味がしました。お試しください。

コラム6　果物を冷やすと甘く感じるのはどうして？

「果物がキンキンに冷たいと、ぬるいときより甘みを強く感じる気がする？」、「アイスコーヒーに入れるシロップをホットコーヒーに入れるとあまり甘くない気がする？」、「冷たい清涼飲料水は甘いのに、常温に置いておくと甘くなくなる気がする？」。このように感じた方はいないでしょうか。これらは、決して気のせいではありません。科学的な理由があります。

私たちが普通砂糖といっている「ショ糖（スクロース）」の甘さは、温度によってほとんど変化しないのに対して、果物やシロップ、清涼飲料水に含まれる「果糖（フルクトース）」の甘味は温度によって大きく変動することが知られています。フルクトースは、五℃でスクロースの約一・五倍も甘いのに対し、六〇℃では〇・八倍の甘さしかなく、温度の上昇によって急激に甘味度が低下します。

なぜ、フルクトースは温めると甘味が弱くなるのかといえば、フルクトースの溶液中での「かたち」と大きな関連があります。フルクトースには、α型とβ型という分子式は同じですが形が異なる「立体異性体」が存在します、さらにα、β型の両フルクトースは、直鎖状の構造を介して、五角形のα-フルクトフラノース、β-フルクトフラノース、六角形のα-フルクトピラノース、β-フルクトピラノースという、計五種類の構造式の混合物が行き来しながら存在しています（図2-5）。

実際には、α-フルクトフラノース、β-フルクトフラノース、β-フルクトピラノースが溶液中で大部分を占めています。β-フルクトピラノースは、β-フルクトフラノースの約三倍甘味が強く、温度によってこの存在比が変化することがわかっています。二〇℃でのおおよその存在割合は、β-フルクトピラノース七六%、β-フルクトフラノース二〇%、α-フルクトフラノース四%であるのに対し、八〇℃では、β-フルクトピラノース四八%、β-フルクトフラノース三五%、α-フルクトフラノース一七%となります。つまり、一番甘いβ-フルクトピラノースが、二〇℃ではフルクトース分子全体の八割近くを占めますが、八〇℃では半分弱に低下します。

果物が低温で甘く感じるのも、ホットコーヒーにシロップを入れるとアイスコーヒーに入れたときよりも甘味が少ないように感じるのも、清涼飲料水が温まってくると甘味が落ちるように感じるのも、このような事実によるものです。それでは、なぜ私たちはフルクトースの構造の中でβ-フルクトピラノースにより甘味を感じるのでしょうか。

一九六七年にシャレンバーガーらは、甘味の強い共通の分子構造に関して、「AH-B説」という仮説を提唱しました。この法則では、甘味を示す

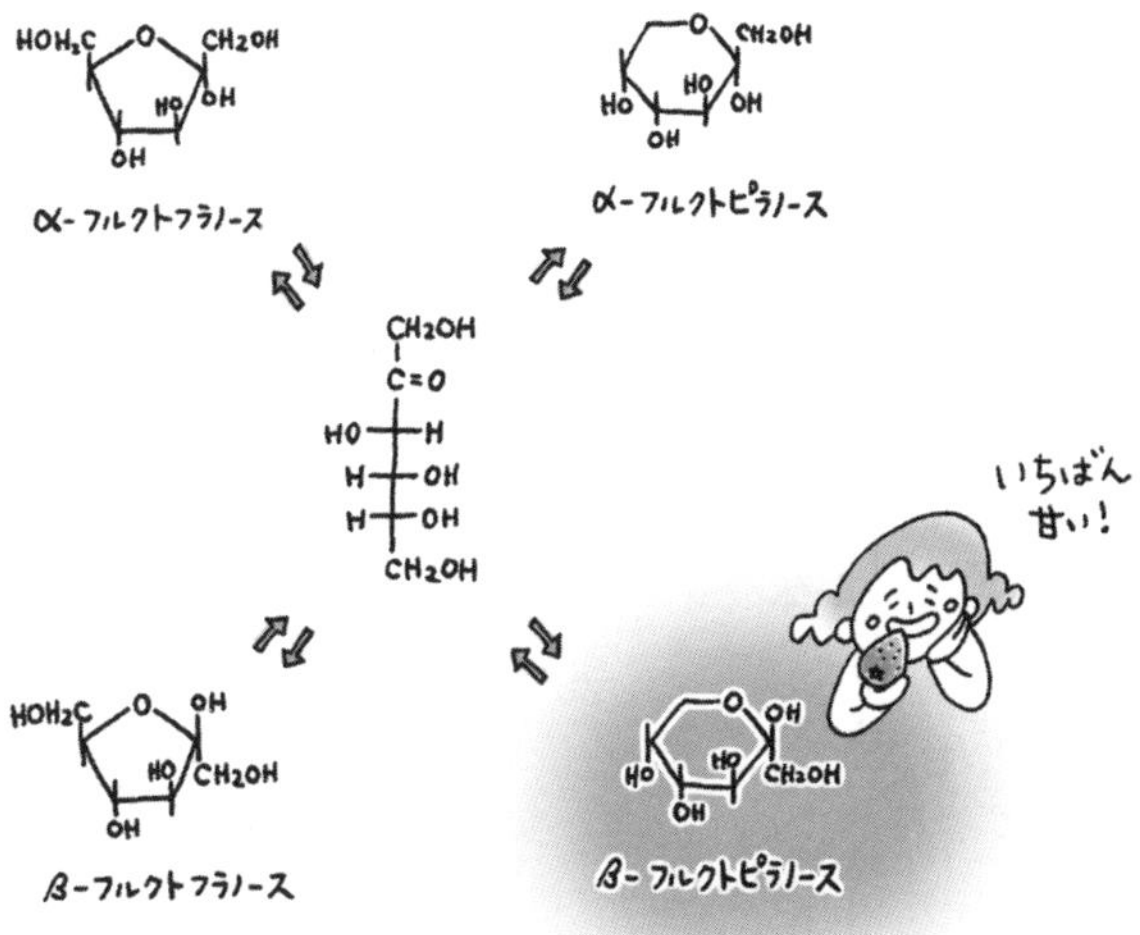

図2-5　フルクトース（果糖）の分子構造

分子内には水素供与基（ＡＨ）と水素受容基（Ｂ）が二・五〜四・〇オングストローム（Å）の距離で存在し、甘味受容体にも同様に存在するＡＨとＢによる水素結合によって甘味刺激が引き起こされるというものです。さらに、一九七二年にはキアによって、甘味物質にはふたつの水素結合に関与する部位のほかに疎水結合に関与する部位（Ｘ）が存在し、これらの相互作用が甘味受容体への空間的な配置を可能にすることによって甘味はより増強されるという「ＡＨ-Ｂ-Ｘ説」が提唱されました（図２-６）。実際にこのＡＨ-Ｂ説やＡＨ-Ｂ-Ｘ説によって、甘いβ-フルクトピラノースの構造は、甘味受容体という〝パズル〟にはまる分子の〝ピース〟であることがわかりました。

さらに、これらの仮説が提唱されてから約三〇年後の二〇〇一年に、味蕾にある

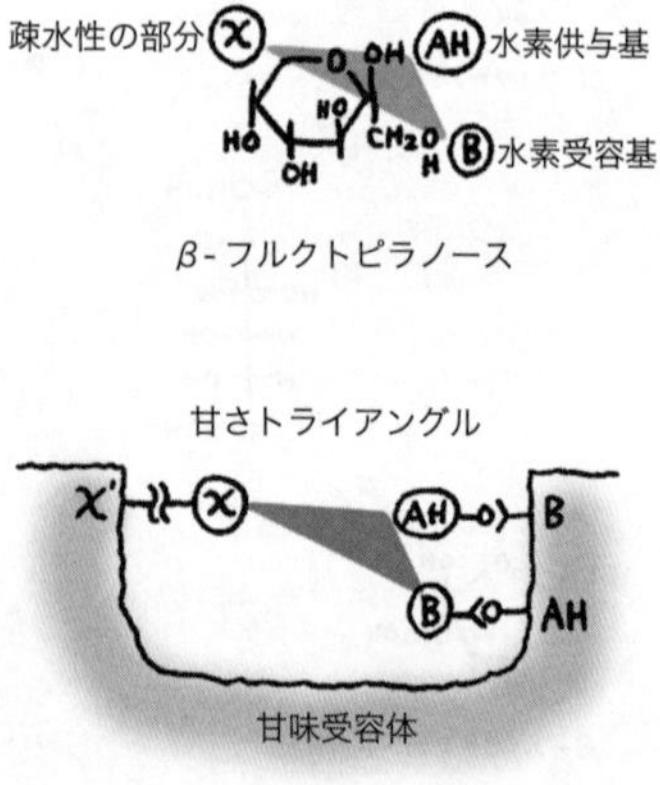

図２-６　β-フルクトピラノースと甘味受容体との結合　Shallenberger ら（1967、1978）と Kier（1972）を参考に作成

甘味受容体が発見され、現在は、甘味物質がこの受容体にどのように結合しているのかという核心部分が分子シミュレーションなどの手法によって徐々に明らかにされています。

このフルクトースの温度による甘味変化の説は、食べもの側とそれを食べる人側をともに分子レベルで調べることによって、より明快にそのメカニズムを説明できることを教えてくれます。

第3章 「おいしい料理」の科学

一　おいしい料理を構成する基本四分子

◉水〜水分子を制するものは料理を制する？〜

食品分子の特性を知ることが分子調理学の〝基本スタンス〟

これまでに私は、剣道や茶道などを習ったことがありますが、あまり上達しませんでした。しかし、スポーツや伝統芸能を上達させるコツは、基本をいかに身につけるかということは体感しました。剣道であれば、姿勢や足の運び方、竹刀の構え方や振り方、茶道でいえば、お辞儀の仕方やひとつひとつのお点前の意味を考えながら動作することです。「料理道」も同じではないでしょうか。

調理技術の習得はもちろんですが、料理中の食品分子はどのような分子特性を持っていて、調理中にどのような化学反応が起き、それらがおいしさにどのような影響を与えるかなどについて知っておくことはとても重要です。料理の科学的な基本原理を把握しておくことは、調理の〝地アタマ力〟を上げ、新しい料理を創造することに大きく役立つでしょう。

料理は、多種多様な分子が混じり合った複雑系です。さらに、調理による分子どうしの化学的な結びつきによって、もともとなかった新しい分子も生まれてきます。調理する過程で、単一の成分や単一の反応だけを考えることはほとんどありませんが、主要な構成成分の分子特性や反応系を知っておくことは、おいしい料理のメカニズムを科学的に調べる「分子調理学」においてもっとも大事な〝基本姿勢〟であるといえます。

一番よく食べている「水分子」の特性

食品成分の中でも「水」は、ほぼすべての食品に存在し、かつ多量に含まれているため、私たちがもっともよく〝食べている〟分子であるといえるでしょう。

野菜や果物には水分が八〇％以上含まれ、肉や魚も七〇～八〇％が水からできています。野菜では五％、肉・魚では三％の水分が失われると、その鮮度や品質が維持できなくなるといわれています。食べものの構造は水によって保たれ、水の損失によって組織が崩壊します。水は、食品のかたさ、粘性、流動性などのテクスチャーに重要な役割を演じているだけでなく、味や香り、色の変化、食品中で起こるさまざまな化学反応や酵素反応、保存・安定性などにも大きく関与しています。

さらに、ものを溶かす溶媒として、ほかの食品分子の性質にも影響を与えています。とくに水によく溶けるカルシウム、マグネシウムなどのミネラル成分は、水の硬度を決め、ビールや日本酒造りの際、その品質に関係します。ほかにも、水の硬度は、だしの出方、炊飯、肉や魚を煮たときのアクの出方などにも影響するため、料理人は、水選びにはきわめて気を使います。

化学的に「水分子」は、一個の酸素原子Oと二個の水素原子Hが約一〇五度の角度で、H―O―HのV字構造をしています。酸素側は負の電荷に、水素側は正の電荷に帯電しています。正に帯電した水素原子は、ほかの水分子の負に帯電した酸素原子と「水素結合」を形成します。この水分子の水素結合が、料理に大きな影響を及ぼすのです。

まず水分子は、炭水化物やタンパク質などの高分子と水素結合することによって、ほかの分子をよく溶かします。食品成分と水素結合している水は「結合水」、結合していない水は「自由水」と呼ばれています。結合水は、いわば〝束縛された水〟であるため、微生物に利用されにくい特徴があります。自由水の多い野菜や新鮮な肉はみずみずしい一方、微生物に自由水を使われて腐りやすい傾向があります。そのため、食品をつくる過程では、いかに「自由水を減らして、結合水を増やすか」という工夫がなされています。たとえばジャムやマーマレード、漬物、塩漬けの魚などでは、砂糖や食塩を添加することによって、食材に含まれる自由水を結合水に変えて、保存効果を高めています。

「水素結合」が料理に及ぼす影響の大きさ

通常の物質は、液体から固体への状態変化によって体積が小さくなりますが、水は例外で、水を冷やして「氷」にすると、体積が九％も増加します。この現象にも水素結合が関与しています。氷の状態では水素結合が強く、三次元に広がった結晶構造を取ることで、氷の内部に大きな空間ができ、体積が水よりも大きくなります。

凍らせた肉を解凍するとドリップが出てくるのは、水が氷になる際、氷の体積の膨張によって細胞や組織が破壊されるためです。また、煮物などに使われる凍り豆腐（高野豆腐）は、製造の際に材料の豆腐中の水をゆっくり冷やすことで氷結晶をわざと大きくし、それによって穴のたくさん空いた独特のスポンジ状の組織構造をつくっています。その結果、この間隙に味が染み込みやすくなります。

逆に水を温めると、水分子は水素結合から解き放たれ、自由に動き回ることができる「水蒸気」になります。しかし、水分子間の水素結合の束縛は桁違いに強く、水一グラムを一℃上げるのに必要なエネルギーは、鉄一グラムを一℃上げるのに必要なエネルギーの約一〇倍です。鉄鍋をコンロにかけると鍋はすぐ熱くなるのに、鍋の中の水はすぐに温まらないのは、水分子間の水素結合の力が強いためです。

さらに、水の水素結合は、水による熱の吸収・放出にも大きく関係しています。汗をかくと体が冷えますが、これは水が液体から気体になるとき、水素結合を断ち切ることで、膨大なエネルギーを吸い取って空気中に放出するからです。これが「気化熱」です。反対に、熱い水蒸気が冷えて液体になる際は、気化するときに必要だったエネルギーと同じ熱、すなわち「凝結熱」を放出します。そのため、同じ一〇〇℃に設定したオーブ

ンでも、ドライよりもスチーム設定のほうが、食材に熱が伝わりやすく、調理時間が短くて済みます。また、人が入るミスト式のスチームサウナの温度は約四〇～五〇℃と、通常の乾燥したドライサウナの八〇～一〇〇℃より圧倒的に低いのは、スチームの温度をより高くすると、体の表面に浴びせられる凝結熱で、人間があっという間に肉まんのように蒸し上げられるからです。

また、蒸し暑い夏と乾燥した冬につくる料理、たとえばパンやオーブンでつくるグリル料理などは、同じように調理してもできあがりが劇的に違ってくることがあります。これは、周りの環境中の水、すなわち湿度が関係している可能性が大いにあります。レシピには、発酵温度やオーブンの加熱温度は書いてあっても、周りの湿度のことまでは書いてありません。「レシピどおりにつくったのに、なぜか上手くいかない」という理由のひとつとして、この湿度の影響を疑うことが大切でしょう。

◉脂質～罪深きおいしさ分子～

油の魅惑のおいしさ

油の多い料理は、〝残念ながら〟とてもおいしいです。霜降り牛のステーキ、大トロの握り、うな重、カレー、ラーメン、ハンバーグ、チョコレート、ソフトクリームなど、油には人を夢中にさせる魔力があります。一般的に常温で液体状であるものは「油」、固体状のものは「脂」という字が使われます。

油脂や脂肪は、科学的には「脂質」と呼ばれます。脂質の持つエネルギーは約九キロカロリー／グラムであり、糖質やタンパク質の四キロカロリー／グラムの二倍以上のカロリーです。脂質は体の活動にとって大事なエネルギー源であるからおいしく感じるのか、おいしいものはもともと高エネルギーなのかは不明ですが、このおいしい分子の食べすぎは、肥満や、動脈硬化、心疾患、乳がん、大腸がんなどの生活習慣病の原因となる危険性をはらんでいます。とはいっても、秋の風物詩、脂の乗った「サンマの塩焼き」や、カロリーの約七五％が脂質である「牛タン焼き」を目の前に出されれば、唾液の分泌を抑えるのは至難の業です。

もともと私たち人類の歴史を振り返れば、ほとんど飢えとの戦いの歴史であったといえるでしょう。有史以来、「今日、食べることができるか？」が人々の関心の中心にありました。現代のように、食料が有り余るような飽食になったのはごくごく最近で、なおかつ先進国などの特定の地域のみの現象です。私たちの体は、無意識に飢餓のことを記憶し、それに備えて自然と脂肪を蓄積しておこうとするのでしょう。そのため、脂質をおいしいと感じ、もっと食べたくなるのはいわば当然の成り行きなのかもしれません。食べる量、頻度、タイミングなどを自己管理して、脂質とは上手に付き合っていきたいものです。

バターが固体でオリーブオイルが液体の理由

脂質は、料理中で非常に重要なプレイヤーです。その役割は、おもに料理に風味を与え、心地よい滑らかさを与えることにあります。多くの食品に染み込むと、立体構造を弱め、やわらかくします。また加熱媒体としても働き、油の沸点は水よりもかなり高いため、食品表面を乾燥させ、カリッとした食感と強い風味を生み出します。こうした脂質の性質は、脂質の分子特性を知ることによって、より明快に説明することができます。

脂質にはいろいろな種類の化合物がありますが、一番基本的で単純な脂質に「トリアシルグリセロール（トリグリセライド）」があります。健康診断の血液検査の項目にある「中性脂肪」のことです。このトリアシルグリセロールは、化学的に見ると「一分子のグリセロールに対して三分子の脂肪酸がそれぞれエステル結合したもの」です。

トリアシルグリセロールを構成する脂肪酸は、おもに炭素原子の〝くさり〟からなり、そのくさりの長さ（炭素数）や、くさりとくさりとのつながり方（二重結合の数）にいろいろな違いがあります。その脂肪酸には、オレイン酸やリノール酸、ドコサヘキサエン酸（ＤＨＡ）などがあり、どの脂肪酸がトリアシルグリセロールに結合しているかによって、その脂質が、固体になるか液体になるかなどの性質が決まります。

脂肪酸の構造の中に二重結合がない「飽和脂肪酸」は、脂肪酸を構成する炭素原子がまっすぐに伸び、分子がぎっしりと集まりやすくなります。それに対し、脂肪酸の構造の中に二重結合がある「不飽和脂肪酸」は、脂肪酸を構成する炭素原子が途中で折れ曲がり、トリアシルグリセロール分子どうしが寄り添うのが立体構造的に難しくなります。この分子が集合しやすい、しにくいという違いが、脂質の融点や粒子の大きさ、すなわち「溶けやすさ」「まろやかさ」「舌ざわり」などに関わってきます。常温で固体のバターは、飽和脂肪酸：不飽和脂肪酸が七〇：三〇なのに対し、常温で液体のオリーブオイルは、一五：八五となっています。

「水と油の関係」を〝和解〟させる乳化剤

また、長いくさりを持つ脂肪酸は、水分子のような正電荷と負電荷に偏りがある〝極性〟の分子と異なり、〝非極性〟の性質を持つため、脂質は水と混ざることのない疎水性の分子です。この混ざり合わないことで、水と油の境界線ができ、水の中で脂肪球が形成され、乳脂肪やソースの中でトロミになったりします。また、脂質どうしは、溶け合うことができるので、ニンジンに含まれる脂溶性ビタミンであるβ-カロテンなどは油で炒めると、脂質側に移行します。

通常は混ざり合わない水と油が混ざり合う現象は、「乳化」と呼ばれています。マヨネーズ、チョコレートを始め多くの食品、さらに油を使う料理では必ずといっていいほどこの乳化が起こっています。

この乳化を可能にする「乳化剤」として働くものもまた脂質の仲間です。有名なのが卵黄や大豆に含まれるリン脂質である「レシチン」です（図３－１）。レシチンはグリセロールに脂肪酸がふたつついたジアシルグリセロールです。残りの位置には脂肪酸の代わりに親水性のコリンがリン酸基（Ｐ）を介して結合しています。そのため、ひとつの分子内に疎水性と親水性の部分が共存することで、水と油をなじませることができます。マヨネーズでは、卵黄に油を加えて攪拌《かくはん》すると、水中にたくさんの脂質の小滴ができ、水と油の境界線にレシチンが親水性部分を外側に、疎水性部分を内側に向けて、油滴を安定化しています。

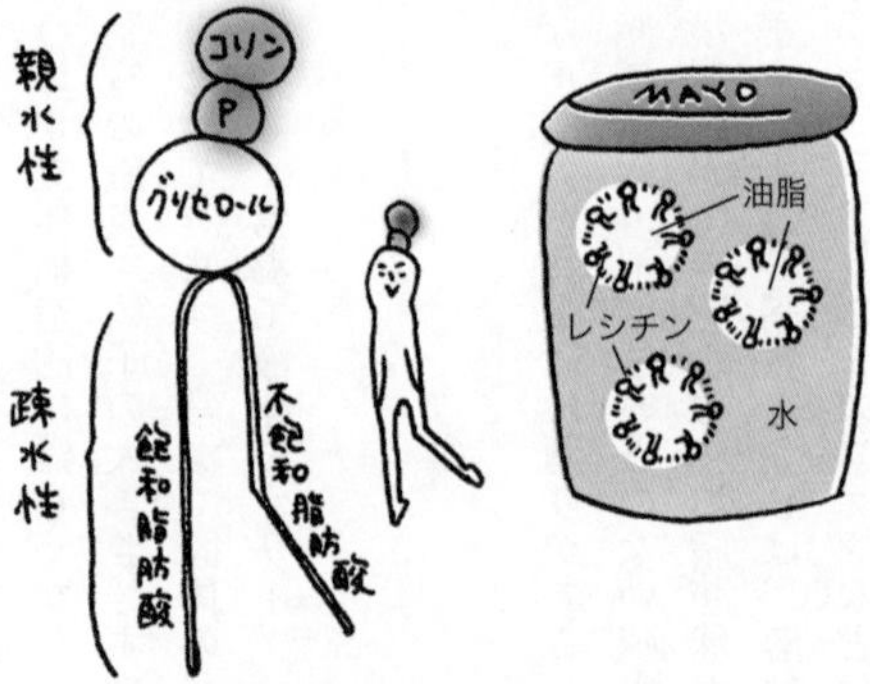

図３－１　レシチンの構造と乳化

◉糖質とタンパク質〜化学的においしい低分子、物理的においしい高分子〜

体のエネルギー源、糖質

糖質は、砂糖や小麦粉、米など白のイメージを持つ食品に多く含まれています。血糖の成分であるブドウ糖、果物に含まれている果糖は糖の最小単位である「単糖類」なのに対し、ブドウ糖と果糖の単糖類が結合したショ糖などは「二糖類」、単糖類がたくさんつながったものは「多糖類」と呼ばれています（図3-2）。ブドウ糖が〝じゅず〟のようにずらっと結合した多糖類がデンプンです。

単糖類や二糖類のような小さな分子は、なめると即座に甘さを感じますが、巨大な分子であるデンプンはそのままなめても味がしません。デンプンは、調理によって大きく変化する糖質分子です。デンプンは光合成による産物なので、米や小麦などの穀類、ジャガイモやサツマイモなどのイモ類、大豆、小豆などの豆類などに蓄えられます。

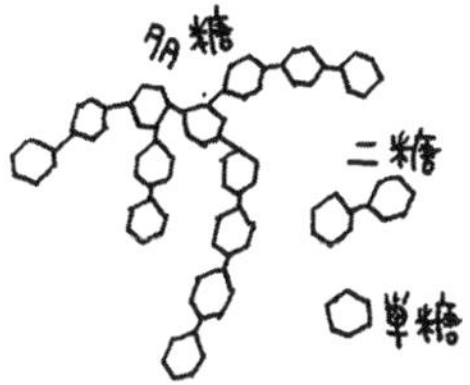

図3-2　糖質分子の構造

生の米や小麦粉を食べるとお腹をこわします。これは、生デンプン中では、結合した糖の分子構造が非常に密であるため、水に溶けず、そのまま食べると消化が悪いためです。しかし、米に水を加えて炊いたり、小麦粉に水を加えて練ったものを加熱すると、デンプンの立体構造がほどけ、デンプン分子内に水が入り込み、やわらかく、そして消化しやすい状態になります。

また、野菜や果物のテクスチャーに大きく影響を及ぼすのは、セルロース、ヘミセルロース、ペクチンなどの細胞壁の構成成分です。ペクチンは、植物の果実や根の柔組織の細胞壁や細胞壁のすき間を埋めています。野菜類を煮るとやわらかくなるのは、ペクチンが熱水中に溶出するためです。また、未熟な果物が熟す過程や、ぬか床の野菜が発酵する過程では、いろいろな酵素（ペクチナーゼなど）が働いています。

体をつくるタンパク質

タンパク質は、牛乳、肉、卵、魚といった動物性食品、大豆などの植物性食品に多く含まれています。タンパク質の基本単位は、アミノ酸です。私たちヒトの体や食べものには約一〇万種類のタンパク質がありますが、これらはわずか二〇種類のアミノ酸からつくられています。体の中で各タンパク質は、折れ曲がったり、丸まったり、ねじれたり、独特の立体構造をとっています（図3－3）。たとえば、血液の赤血球の中にあるヘモグロビンは、球状のタンパク質であるのに対し、肌に存在するコラーゲンは、らせん状のタンパク質です。この形が生きものの生命活動に重要な働きをしています。

さまざまな形を持つタンパク質ですが、外的刺激によってその構造が変化しやすい分子です。熱、酸、塩、圧力などによってタンパク質の構造は劇的に変化し、それによってその食品の性質も変わります。肉や魚を焼いてかたくなる現象、牛乳に乳酸菌を添加してヨーグルトをつくるプロセス、豆乳から豆腐をつくる過程は、すべてそれらタンパク質分子の構造変化によるものです。

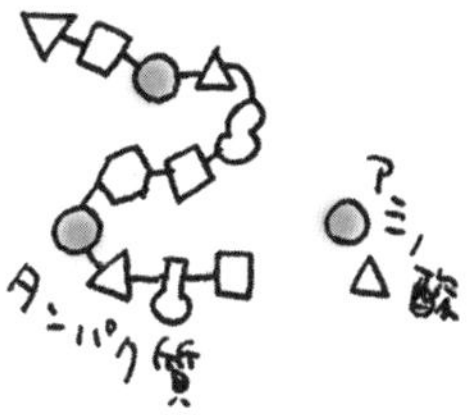

図3-3　タンパク質分子の構造

とくにパンは、小麦中のグルテンというタンパク質が、発酵中に三次元の網目構造を形成し、弾力性のある膜を形成することが、パンの膨らみと形の維持に関わっています。しかし、もともと小麦中にグルテンというタンパク質が存在するのではなく、小麦中のグリアジンという丸いタンパク質とグルテニンという細長い繊維状のタンパク質が、水と一緒に混ぜこねられることで、適度な弾力性を持つグルテンが形成されます。

おいしさを担う糖質とタンパク質の「低分子と高分子のバランス」

糖質、タンパク質は、低分子の単糖類やアミノ酸のときは、甘味やうま味などの化学的なおいしさを持っており、高分子のときは、テクスチャーによる物理的なおいしさを持っています。

たとえば、米や小麦、大豆などから味噌や醤油などの調味料をつくる際、それらに含まれる高分子の糖質やタンパク質を低分子化することによって、うま味成分や甘味成分を増大させています。その一方で、パンや豆腐などでは、タンパク質がより高度なネットワーク構造を形成することによって、独特のテクスチャーを生み出しています。

ラーメン、うどん、そば、パスタなどの麺類は、とくに食感が命で、どの麺も基本ゆですぎは禁物です。ラーメンの中華麺のコシは、かん水というアルカリ性の塩類（炭酸カリウム、炭酸ナトリウム重曹の混合液）を小麦粉に添加することによって生まれます。かん水のアルカリ性によって小麦中のタンパク質には伸展性、弾力、風味が生まれ、デンプンには粘りが出てきます。

私たちが普段食べている料理は、この糖質とタンパク質の低分子と高分子のバランスが加工や調理によって絶妙にコントロールされ、化学的おいしさと物理的おいしさの両方を上手に成り立たせているのです。

コラム7　料理の〝建築材料〟として食材分子を知ることの意義

「建築家に料理好きが多いのは、建築と料理が似ているからだ」という話を耳にしたことがあります。シェフの仕事が、メニュー、食材の特徴、調理法、テーブルセッティング、予算を考えて料理をつくるように、建築家も、デザイン、材料の特徴、工法、環境、予算などを考えて家をつくるので、確かに似ているようです。

自然の素材を集め、材料を切り、熱を当て、処理を施し、どう見せるか、建築と調理のプロセスには多くの共通点があります。建築用語と調理用語には、「面取り」「小口」「背割り」など、共通するものがたくさんあります。

建築家で東京大学工学部教授の隈研吾さんが、ある雑誌のインタビュー記事内で「どんぶり建築論」を展開されており、その内容が大変興味深いものでした。

どんぶりは、どんぶり鉢の中でごはんに何らかのおかずを載せて完成します。ごはんと具を合わせる際、カツ丼であれば、カツとごはんという二つの〝異種〟をつなぐ「媒体」が重要で、卵がその役割を担っています。卵がごはんとカツをうまくジョイントしているため、両者はどんぶり内で違和感なく存在し、余計なことを考えずにかき込めるのです。この媒体を使ってつなぐ作業が、建築設計上で材料を決定する作業とよく似ていると隈さんはいいます。たとえば、飛び出している柱と壁から出ている照明器具を合わせる際、和紙のスクリーンを媒体として入れると、異質なふたつの要素がつながり、卵やタレがどんぶりで果たしている役割と同じようにまぶしてくれるのだそうです。

実際、隈さんがデザインした那珂川町馬頭広重美術館には、細い杉材が使われていますが、その素材は、周りの細い枝に囲まれている繊細な風景と調和する、馴染むものが選ばれています。つまり、〝環境〟という大きなどんぶり内で、それに適した材料を使うことによって、光を調節し、周りの景色とうまく調和されているのが広重美術館であるといえるでしょう。「建築論のエッセンスがどんぶりにある」という実におもしろい発想です。

料理側から見ると、逆に「料理論のエッセンスが広重美術館にある」ともいえます。建築で、周りの環境と調和する素材選びが大事なように、調理での食材選びも、個別の食材や調味料とのバランスを考えることが重要です。そして、全体のバランスを考えるためには、建築家が建築資材の特徴や性質に明るくなければならないように、料理人も食材の特徴や成分、さらにそこに含まれているミクロな食品分子の特性について理解しておくことが、料理という〝建築物〟の魅力をより高めることにつながるのではないかと思います。

ちなみに、なぜ「どんぶり建築論」なのでしょうか。隈さんがどんぶりを選ばれた理由がまた私にとって実に腑に落ちる内容でした。

どんぶりを食べるときの脳は、〝クライマーズ・ハイ〟と同じような状態の脳波となっていて、かき込んで我を忘れるときがあるようです。どんぶり以外にもお茶漬けなどをかき込んで、無我の境地に至ったことが一度や二度はある人も多いのではないでしょうか。甘いもの好きであれば、どんぶりよりもパフェやあんみつのほうが夢中になる対象かもしれません。「建築は眼で見るもの」と考えられがちですが、建築に接することは、「物質を体内に取り込むプロセス」で考えなくてはならないと隈さんは話しています。今の建築は頭で考えることを強要しすぎる傾向があるので、「一心不乱にどんぶりを食べる状況のように建築を身体に取り込んでほしい」ということが、どんぶり建築論のネーミングの由来とのことです。

また、建築は常に美しさを追求するわけではなく、最終的に視覚的な段階に到達して「美しさ」を持つことがあっても、それを目的としているわけではありません。おいしいものは、見た目も美しいことが多いですが、あくまでそれは結果論にすぎないと明言されています。ガストロノミー（美食学）の本質を得た感じがしました。

二　おいしい料理のカギを握る分子

◉味の分子〜料理から舌の味蕾に渡されるもの〜

呈味分子とは

食品に含まれる成分のうち、味を感じさせる物質を「呈味《ていみ》成分」といいます。「呈」という字は、謹呈や贈呈という言葉で使われるように、「差し出す」という意味があるため、私たちに味を差し出す成分が呈味分子であるといえます。基本味である、甘味、酸味、苦味、塩味、うま味には、それぞれの呈味分子があります。

酸味、塩味の本体は、水素イオン（H^+）、塩化ナトリウム（NaCl）であるのに対し、甘味、苦味、うま味に関わる成分は複数あり、とくに甘味分子は数多く知られています。私たちが普段砂糖といっているショ糖を始めとした天然甘味料のほかにも、アスパルテームやアセスルファムカリウムのようなダイエット飲料水中に含まれる人工甘味料など、たくさんの甘味分子が存在します。

これらの甘味分子は、甘いという共通点はありますが、分子の構造は多種多様です。これらの多様な甘味物質群を受容体がどのように識別しているのかについては、近年、甘味物質の認識に関わる受容体部位が複数あることが突き止められました。甘味受容体がそれらを巧妙に使い分けることにより、化学的性質の異なる多種類の甘味分子をキャッチしていることが明らかとなっています。また、この甘味受容体への甘味分子の親和性の強さが、甘さの強さにも関連しており、結合力が高いアスパルテームやアセスルファムカリウムの甘味度は、ショ糖の二〇〇倍にもなることが知られています。

また、うま味分子の三強といえば、グルタミン酸、イノシン酸、グアニル酸です。一九〇八年、池田菊苗《きくなえ》が昆布のうまみ成分としてグルタミン酸を単離し、その後、一九一三年に小玉《こだま》新太郎がカツオ節からイノシン酸を、一九五八年に国中《くになか》明がシイタケからグアニル酸を発見しました。うま味が世界でも〝umami〟で通用するのは、日本の伝統食品に多く含まれていることと、うま味を発見した日本人の功績が大きく関係しています。

味の相互作用を操り、味の魔術師に

料理に含まれている呈味分子は、私たちの舌に決まった刺激を与えるのではなく、料理に含まれているほかの呈味分子によってさまざまな影響を受けます。異なる呈味分子を同時に食べたり、時間差で食べたときに起こる味覚現象として、「対比現象」、「相殺現象」、「相乗現象」、「変調現象」などの味の相互作用があります。

味の対比現象とは、「異なる呈味分子を同時に摂取したとき、一方の味が他方によって強められる現象」です。おしるこやスイカに少量の塩を加えると甘くなったりするのは、甘味と塩味の対比現象によるものです。ほかにも、吸い物のうま味は少量の塩味によっても増強されます。

味の相殺現象は、「異なる呈味分子を同時に摂取したとき、一方の味が他方によって弱められる現象」です。すし酢の酸味が、塩味や甘味によって弱められるのは相殺現象です。コーヒーに砂糖を入れることによって、コーヒーの苦味が甘味によって減少したり、酸っぱいグレープフルーツに砂糖をかけると酸っぱさが抑えられるように感じるのも相殺現象です。

味の相乗現象とは、「同種の味を持つ呈味分子を同時に摂取したとき、それぞれを単独で摂取したときの呈味力の和よりも強い味に感じられる現象」です。これは和食のだしの取り方でお馴染みの現象で、昆布とカツオ節、またはシイタケの組合せによるうま味の増強など、調味料でみられます（コラム5参照）。

味の変調現象は、「ある呈味分子が、ほかの分子によって、本来の味とは異なる味として感じられる現象」のことです。ミラクルフルーツを食べると、酸っぱいレモンを甘く感じたり、インド原産のギムネマ茶を飲むと、甘いものを甘く感じなくなったり、アーティチョークを食べたあと水が甘く感じられたりするのが変調現象です。

これらの味の相互作用は経験的に明らかになった現象ですが、そのメカニズムは、呈味分子どうしもしくは呈味分子と舌の上の受容体との結合様式などが影響し合っているのか、それとも脳のレベルで起こっているのか、その詳細までわかっているものはまだ少ないのが現状です。私たちが料理をつくる際も、呈味分子の食べ合わせによる味の相互作用を積極的に狙ってみるのもおもしろいでしょう。

◉香りの分子〜好き嫌いを左右する最重要因子〜

食品を特徴づける香気分子

食の研究者として、「嫌いな食べ物はない」といい切りたいのですが、どうしても苦手なものがあります。それは、シイタケです。傘の裏のヒダヒダがなんとなく怖いのもありますが、シイタケ独特の香りが大の苦手です。そのシイタケの香りの主成分は、「レンチオニン」と呼ばれる硫黄を含む環状化合物です。この化合物の構造式をじっと見ていると、私はなんとなくシイタケに見えてきます（図3‐4）。

また、キュウリの青臭さが苦手という人もまれにいますが、キュウリの香気分子は、「キュウリアルコール」と「スミレ葉アルデヒド」によるものです。この化合物もずっと眺めていると、キュウリに見えてくるから不思議です（図3‐4）。

初夏から夏の季節を代表する食材として知られているアユは、そのさわやかな香りが特徴ですが、アユの香気成分もキュウリアルコールであることがわかっています。このキュウリアルコールは、野菜のキュウリでも魚のアユでも同様な経路、すなわち脂質を

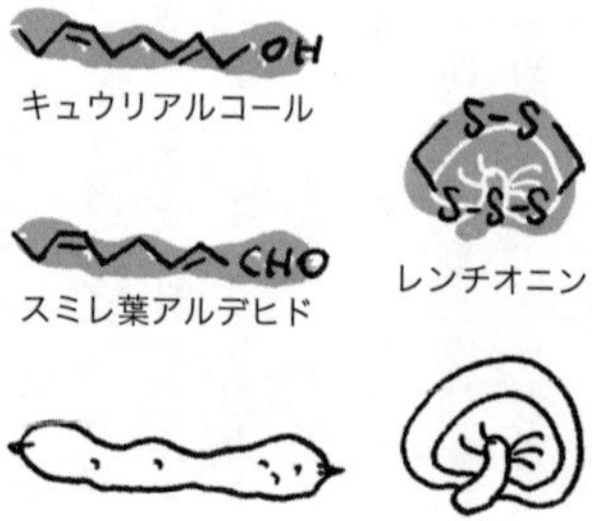

図3-4　シイタケとキュウリの香り分子

構成している脂肪酸にリポキシゲナーゼという酸化酵素、さらにリアーゼという脱離酵素が働いて生成します。また、養殖のアユは、この酵素活性の強さが天然のアユと異なっているため、キュウリ様《よう》の香りが弱いとされています。

シイタケやキュウリなど、ひとつの食品に含まれる香りの分子は、単一で存在するのではなく、多種類の香気分子から構成されています。それらの香気分子群が、私たちの鼻の奥にある三九〇種類の各嗅細胞に結合します。結合によるスイッチのオンとオフの組み合わせの刺激によって「あっ、シイタケっぽいにおいがしてきた。退散しよう…」とか「キュウリって栄養っぽい栄養はないけど、サラダにそのみずみずしい香りは欠かせないよね」と脳内で認識されます。そのとき、シイタケやキュウリの全体の香り形成に一番貢献しているのがレンチオニンでありキュウリアルコールだということです。

香り分子の分離には、ガスクロマトグラフ法などによる機器分析が用いられています。機器分析によって、コーヒーでは約八〇〇種類、トマトでは約四〇〇種類の香気成分が見つかっています。分離した各分子のにおいの特徴を識別できるのは人間だけなため、機器で香り分子を分離したあと、「においかぎ」という人の感覚で判断する方法がとられています。

香気分子の〝香る法則〟

料理から立ち上る香気分子は、気体になりやすい性質を持った揮発性の分子です。さらに私たちの嗅覚は空気中に漂う小さな分子（分子量三五〇以下）だけを認識します。しかし、揮発性物質すべてが香るわけではなく、嗅細胞のにおい受容体の鍵穴にはまり込む分子だけが「香気分子」となります。

この香気分子のにおい受容体への結合の仕方には、ある法則があります。〝揮発性の香る分子〟は、水素（H）、炭素（C）、窒素（N）、酸素（O）、硫黄（S）の五種類の元素からなることと、その分子構造内に「官能基」という香り分子に特徴的な〝体〟や〝腕〟のような部分を持っていることが条件です（図3-5）。

一見同じような構造をしている分子でも、この官能基の形が異なるとまったく別のにおいになることが知られています。たとえば、「イソアミルアルコール」は蒸留酒のようなにおいがするのに対し、少し形が変わった「イソバレルアルデヒド」はココアのようなにおい、「イソ吉草酸《きっそう》」は納豆のようなにおいがすることがわかっています。

反対に、官能基が共通していて、ある程度形が似ている分子は、似たような香りを持っていることもあります。たとえば、肉を焼いたときに生じる加熱香気成分である「マルトール」や「シクロテン」、「ソトロン」のような〝輪っか〟の形をした環状ヒドロキシカルボニル構造を持つ化合物は、どれもカラメルのような食欲を刺激する香りを共通して持っています。

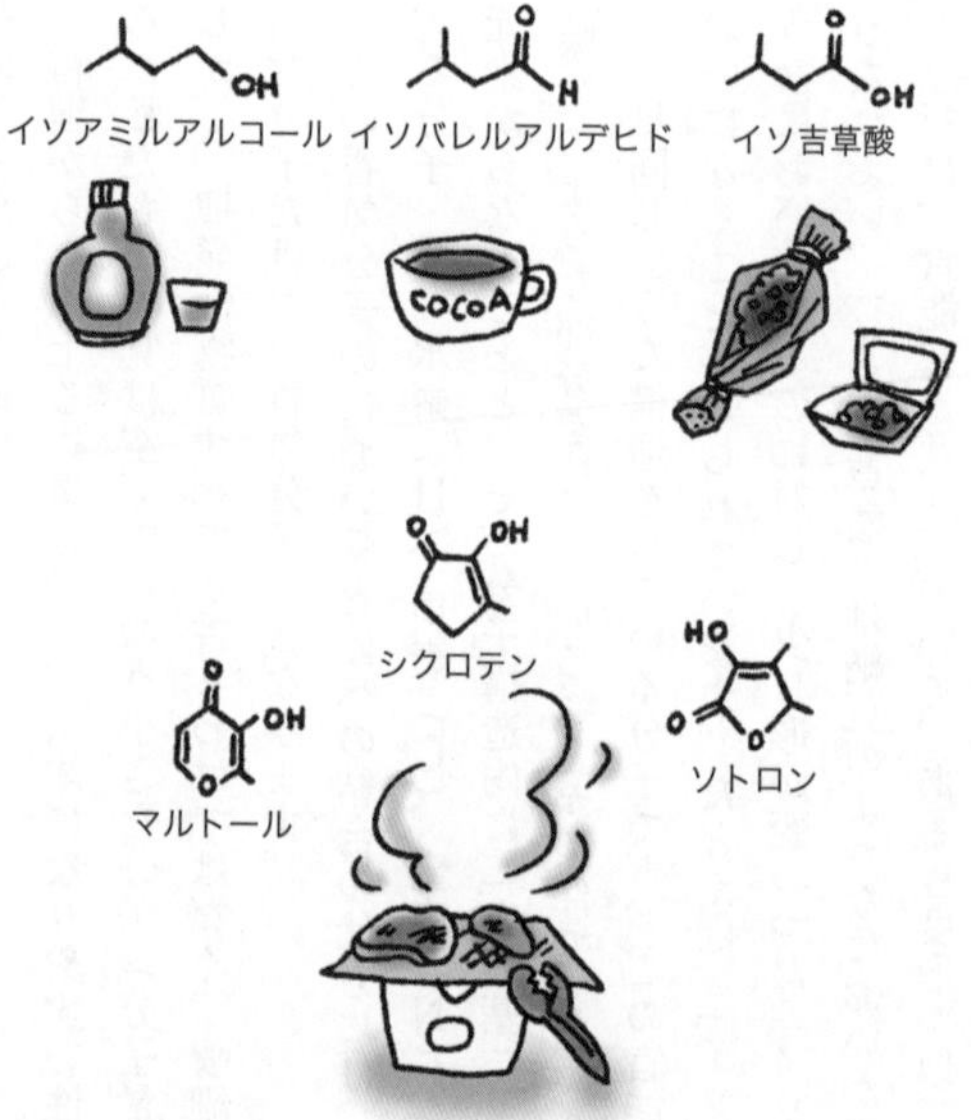

図3-5　官能基とにおい分子

肉の臭みを消す香辛料の働きは、香水と同じ？

味の相互作用と同じように、香りにも相互作用があることが次第に明らかになってきました。

たとえば、スパイスのクローブの特徴的な香気成分に「オイゲノール」という分子があります。このオイゲノールがにおいの受容体に結合し脳へと伝わる信号は、肉や魚の臭みとなるトリメチルアミンの受容体からの電気信号を抑制する作用があることがわかってきました。同様に煮魚をつくる際にはショウガを臭み消しとしてよく使いますが、ショウガの香気成分であるシネオール、ジンギロール、ジンギベリンなども魚の臭み成分であるアミン類より脳で強く感じるため、魚の臭みがあまり気にならなくなります。つまり、肉にクローブの粉末をまぶして焼いたり、魚をショウガと一緒に煮たりすることは、その料理の中からにおいそのものを取り除いているわけではなく、「脳でにおいを感じなくさせる」という、〝香辛料のヒト側への作用〟だということです。

醬油や酒、タレなどで加熱したり、酢を加えて酸性にする場合は、化学反応などによって臭み成分が壊されて、臭み成分そのものがなくなりますが、生魚の刺し身に薬味などを使う場合は、「においをもって、においを制する」現象であるといえます。一般的に香水にも、体臭や汗の臭いを消すという消臭作用はありませんので、この薬味やスパイスと同様の作用だといえます。

肉料理や魚料理には、ショウガ、ニンニク、コショウ、山椒、シソなどの各種ハーブ、各種スパイスがよく合いますが、肉や魚の嫌なにおいをそれらの香辛料のいい香りで〝脳内置換〟することを、人類はそのメカニズムを知らなくても古代からの知恵で行ってきたのでしょう。

◉色の分子～おいしさは眼から始まる～

おいしいミカンの色は赤いネットに入れた色

グルメサイトで行きたい店を選ぶときや、レストランで写真つきのメニューを見て注文するとき、さらにコンビニやスーパーで食べものを選ぶときなど、私たちは基本的に眼で見た情報を頼りにお店や料理、食べものを選んでいます。料理を口にする前には、食品の持つ色や光沢、形などの「視覚情報」が、おいしさを判断する重要な材料になります。

食材がもともと持っている色素分子や、調理の過程で新たに生じた色素成分は、私たちの感じるおいしさに大きな影響を与えています。人は圧倒的に暖色系の食べもの、たとえばイチゴ、リンゴ、サクランボなどをおいしく感じる傾向にあります。しかし、何でも赤ければおいしそうに見えるかといえばそうではなく、その食べものが持っている独自の色、ホウレンソウなら緑色、トマトなら赤色、ニンジンなら橙色といった、私たちの「記憶の色」に合っているかが食欲を左右しています。

また、私たちは実際の食べものの色よりも、記憶にある食べものの色をより強調して認識する傾向があります。たとえば、レモンであれば、実際のレモンよりも想像したレモンのほうがより黄色くなります。そのため、おいしい料理の色合いは、これまでの食生活で経験してきた見慣れた色であることが前提にありつつも、さらにその色をちょっとだけ強めたものが好まれることになるのです。

スーパーなどでネットに入れて売られている野菜や果物は、食材ごとにネットの色を変えることで、食材の色をより鮮やかに見せています。たとえば、ミカンは赤色のネットに、オクラは緑色のネットに入れられると、食材がより鮮やかに見えます。食欲をそそる色の料理をつくるときも、食材の持つ色を強めるネットをかぶせるような食材選びや調理方法を意識することが大切だといえるでしょう。

色で魅せる和食を支える分子たち

二〇一三年一二月に「和食　日本人の伝統的な食文化」がユネスコ無形文化遺産に登録されました。和食には、季節の材料を多く利用し、味付けよりも素材の持ち味を活かす特徴があります。そのため、味や香りでバリエーションを持たせるよりも、食材の切り方や色彩、盛り付け、さらに季節に合った器を利用するなど、日本料理は「目で楽しむ料理」といわれるほどできあがりの美しさを重視します。

食材の色は、植物や動物中の細胞や組織に含まれるまさに〝いろいろな〟色素分子から構成されています。色素分子は、分子構造によって大きく「カロテノイド系色素」、

「ポルフィリン系色素」、「フラボノイド系色素」などに分けることができます。

ニンジン、カボチャ、トウモロコシ、トマト、唐辛子などの赤、橙、黄色の色素はカロテノイド類です。ホウレンソウなどの緑黄色野菜にはポルフィリン系色素である「クロロフィル」とカロテノイドが共存していますが、葉がしなびてくると緑色のクロロフィルが分解され、黄色のカロテノイドが現れてきます。これは、トマトやミカンなどの柑橘類の実が緑色から次第に赤色や黄色に変化することや、秋の紅葉などでも見られる現象です。黒米、小豆、紫イモ、紫キャベツ、ブドウ、ブルーベリーなどの美しい赤色や紫色の成分は、「アントシアニン」の色素です。広義にはフラボノイド類に属します。

同じ赤色の野菜や果物であっても、トマトやスイカなどに含まれる赤色は「リコピン」という油に溶けやすいカロテノイド色素であるのに対し、イチゴやサクランボに含まれる色素は水に溶けやすいアントシアニン色素です。そのため、トマトの赤を引き立たせるのであれば、トマトを油と合わせたほうが効果的であり、赤い色のフレーバーティーが欲しいのであれば、イチゴを使えばイチゴの赤色が容易に溶出するといえます。色素分子の化学的性質を知ることで、よりよい調理方法の選択ができるでしょう。

食材の色が変わるメカニズム

食材の色は変化します。とくに野菜や肉・魚などの生鮮食料品は、時間によって色が

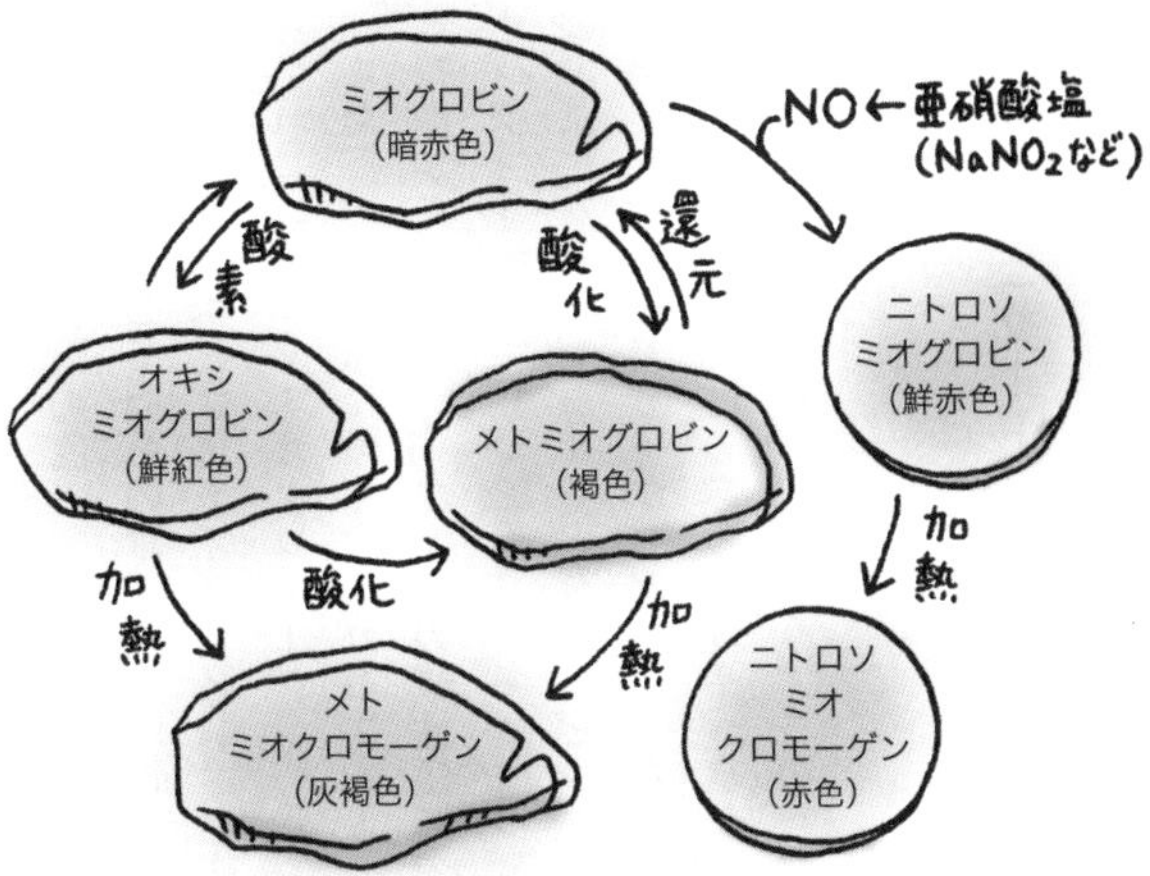

図3-6　ミオグロビンの変化と肉の色

変化するため、食材の色から食品の状態や品質がある程度判断できます。

たとえば、肉の色素は、「ミオグロビン」という分子です。同じ赤色色素である血液のヘモグロビンとは異なります。新鮮な生の肉は暗い赤色をしていますが、しばらく空気中に放置すると鮮やかな赤色に変わります。これは暗赤色の「ミオグロビン」に酸素が結合することによって鮮紅色の「オキシミオグロビン」に変わるからです。スーパーで売られている薄切り肉の重なっている部分が暗い赤なのは、赤いオキシミオグロビンに変化していないためで、空気に触れてしばらくすると周りと同じ鮮やかな赤色となります。

肉が長く空気に触れていると酸化さ

れた褐色の「メトミオグロビン」という形になり、さらに肉を焼くと「メトミオクロモーゲン」という灰褐色の分子に変わります。一方、ハムやソーセージなどの食肉加工食品の色が安定しているのは、製造時に添加する亜硝酸塩がミオグロビンに作用し、安定で鮮赤色の「ニトロソミオグロビン」に変わるからです。ニトロソミオグロビンは、加熱され「ニトロソミオクロモーゲン」になっても赤いままです（図3-6）。

また、ベリー類に多く含まれるアントシアン系色素は、溶液のpHによって色が変化する特徴があります。pH2〜3の酸性領域では赤色を呈し安定になります。たとえば、ハーブティーとして用いられているコモンマロウという紫色の花は、お湯を注ぐとブルーのお茶になり、レモンを入れるとピンク色になり、眼でも楽しむことができるお茶です。

料理を彩る色素分子が、どのような要因で変化するかそのメカニズムを知っておくことで、彩りに再現性のある料理や、自分が表現したい料理の色調にコントロールすることができるようになるでしょう。この点でも、色素分子の科学的な知識は大切だといえます。

コラム8　「フードペアリング仮説」と「分子ソムリエ」

よく「日本料理は引き算の料理、フランス料理は足し算の料理」といわれます。

日本料理は、余計な調理を極力省き、素材そのものの味を引き立たせることを優先させるのに対し、フランス料理は、多彩な食材を組み合わせ、深みのあるソースが味のベースになっているからです。この足し算の料理には、ある仮説が存在しているといわれています。それは「フードペアリング仮説」というものです。

フレンチなどの足し算の料理は、食材を何でもかんでも合わせればよいというわけではなく、食材どうしの組み合わせがきわめて重要な役割を担っています。ソムリエなどはまさに、料理とワインを組み合わせる足し算のプロといえるでしょう。

とくに異なる食材を合わせるうえで重要なのが香りであり、多くの異なる種類の香りが混在している料理は、あまり好まれない傾向があります。たとえば、カレーとバニラアイスとオレンジジュースがそれぞれ好きだとしても、それらの香りが同時に漂ってくる料理は、おいしいとは感じにくいのではないでしょうか。また、デパートの化粧品売場などで、いろいろな香水が混ざったにおいが苦手という方も結構多いのではないかと思います。

このように、一皿の料理内で好まれる香りの数には制限があるため、「共通する香りを持つ食材どうしを合わせると統一感が出て、なおかつ深みのあるおいしい料理ができる（だろう）」というのがフードペアリング仮説の原理です。

食材中に含まれる何百種類もの香気成分は、機械や人の鼻を頼りに分析され、その香りの種類や特徴などがデータベース化されています。そのため、そのデータベースを活用すれば、科学的な食材の組み合わせを検索することが可能です。たとえば、チョコレートとブルーチーズは、少なくとも七三種類の共通した香気成分を持っていることがわかっています。そのため、チョコレートとブルーチーズを合わせることは一見無謀なチャレンジのように思えるかもしれませんが、実際合わせて食べると意外とおいしかったりします。

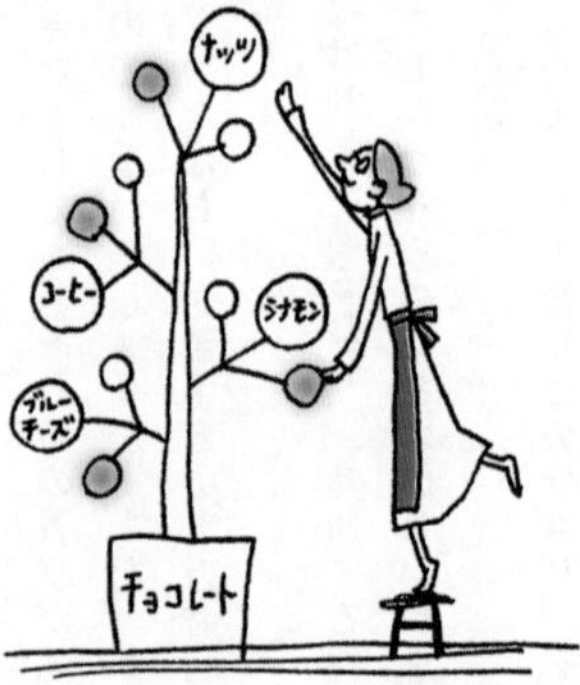

このフードペアリングのデータベースを活用し、食材の組み合わせを発見することができるウェブサイト〈foodpairing.com〉も登場しています。このサイトでは、香り合わせのよい食材どうしを「フードペアリング・ツリー」というビジュアルで表現するため、科学的な知識がなくても感覚的にわかるように工夫されています。実際に、シェフらもこのサイトを活用してメニュー開発をしています。さらに、最近ではフードペアリング仮説に着目した「分子ソムリエ」も登場しています。

最終的に食材どうし、料理と飲み物などが合うか合わないかは、人が飲食して判断するものですが、料理の世界にもデータベースを活用する「情報学」が現れたということが、個人的には印象深い点です。

三　調理における反応と物質の三態

◉化学反応〜調理反応の王、メイラード反応の光と影〜

料理に色と香りを与える「メイラード反応」

調理中に起こっている化学反応はたくさんあります。その中でもっとも重要だといえるのが「メイラード反応」です。メイラード反応は、一九一二年にフランスの科学者ルイ・カミーユ・メヤールがこの反応の詳細な研究を行ったことから名づけられました。調理における反応の中でも、もっとも大事な「キング・オブ・調理反応」といってもいいでしょう。

メイラード反応は、別名「褐変反応」と呼ばれるように、加熱調理において焦げ目が生じる反応のことです。パンの焼けた表面、焼き肉や焼き魚の表面、ごはんのおこげ、さらに、ビールの黄金色、醬油の茶色、メープルシロップの褐色などもすべてメイラード反応によるものです。

メイラード反応は、タンパク質のアミノ基と糖のカルボニル基が反応するのがスタートです。たとえば、パンの製造では、原料の小麦粉中に含まれるタンパク質と糖の反応によって見た目と香りが劇的に変化します。焼く前のドウにはなかった褐色色素分子と焼けたパン独特の香り分子が形成されます。メイラード反応の過程で形成される高分子の褐変分子の集団は、「メラノイジン」と呼ばれています。香気成分は、アルデヒド類やピラジン類で、メイラード反応の途中の「ストレッカー分解」という過程で生成します。メイラード反応は非常に複雑な反応で、その反応機構がすべて明らかになっているわけではありません。

複雑なメイラード反応の二面性

メイラード反応によって生じる色素分子のメラノイジンは、酸化を防ぐ抗酸化性を持っているので、メイラード反応が進行すると食べものとしての保存性が高まります。その一方で、反応に使われる必須アミノ酸のリジンの減少によって栄養性が低下します。私たちの通常の食事では、リジン不足を引き起こすことはありませんが、乳児用の粉ミルクの製造過程では熱風乾燥によりメイラード反応が起こり、それのみを摂取する乳幼児にとってはこのリジン不足はかつて深刻な問題でした。

また、焼き肉や焼き魚のコゲの部分には、発がん物質であるヘテロサイクリックアミン類がごく微量に含まれます。これもメイラード反応によって生成します。しかしその一方で、その発がんを予防する抗がん物質も合わせて形成されています。加熱された食品には、メイラード反応による多種多様な反応物が含まれているため、その栄養機能性は反応物全体を俯瞰して考えなければなりません。

また最近では、私たちの体の中でもこのメイラード反応が起こっていることがわかってきました。とくに血糖値が高い場合、血中の糖が体のタンパク質と反応してできる「終末糖化産物（ＡＧＥｓ：advanced glycation endproducts)」が増え、これが老化の進行や病気などの現象に悪影響を引き起こす原因として考えられています。

◉酵素反応～生きもののチカラでおいしさをつくる～

熟成は酵素反応のたまもの

食品中で起こる反応には、加熱による迅速な化学反応以外にも、食品のおいしさをゆっくりと増強させる「熟成」という反応があります。味噌や醤油、ワインやウイスキー、食肉や魚肉などは、適切な状態で適切な時間寝かせることによって、待ちこがれただけのことはあるおいしさを手に入れることができます。

野菜や果物などの食材は、生の状態でも小さな風味分子を持っています。それに対し

て調理前はほとんど香りのない食品、無味無臭の淡白なタンパク質源である肉や魚などは、熟成によってうま味分子や香り分子が出てきます。味や香りを生み出す反応はたくさんありますが、その中でも「酵素反応」はとても重要です。

食品である植物体や動物体には、もともと生命の営みに欠かせない酵素が何百種類も含まれています。生命体が食品へと変わったあとも、加熱などによってその働きが失われない限り、しばらく酵素反応が続きます。また、微生物による発酵も微生物の持つ酵素が、おいしさのカギを握っています。果物の追熟、チーズの製造、肉の熟成など、多くのおいしさを生み出す反応に酵素の働きが深く関わっています。

唾液や涙を誘う酵素

イチゴ、メロン、バナナ、リンゴなど果物が熟すと、それぞれの果物固有のフルーティーな芳香を発します。キャベツ、トマト、ブロッコリーなどの野菜にもその野菜独特のにおいがあります。どれも、その植物がそれぞれ持っている酵素反応系によって、特徴のある香気分子が生じています。

野菜の中でも、タマネギ、ニンニク、ニラ、長ネギなどのネギ属の野菜は、独特の香りを持っていますが、野菜そのままの状態よりも、切られることによって、より強い香りが発生します。これは、ニンニクの場合、ニンニクの組織が破壊されるとニンニク内に含まれていた「アリイナーゼ」という酵素が、硫黄を分子内に持っている含硫アミノ酸の「アリイン」に作用し、「アリシン」や「ジアリルスルフィド」といったニンニク特有の成分を生成させるからです。また、タマネギの場合は、含硫アミノ酸にアリイナーゼが作用し、さらに別のタマネギ特異的な酵素が追加で作用することによって、催涙性成分である「チオプロパナール *S*-オキシド」が生じます。

ニンニクやタマネギを電子レンジなどで軽く熱通しするとにおいを抑えられ、切っても涙が出にくくなるのは、このアリイナーゼという酵素が熱で壊れて働かなくなり、香気成分や催涙性成分が生成する酵素反応が進行しないためです。

アリイナーゼによって生じるアリインはいくつかの生理作用が報告されており、また、ビタミンB_1と結合して、吸収性のよい「アリチアミン」になります。そのため、切る前に加熱して香気成分や催涙性成分を抑えすぎると、体にとってよい働きをする成分の生成も抑えてしまうことになるので注意が必要です。

「煮てもかたいタケノコがスプーンですくって食べられる」という技術

調理過程で、食品由来の酵素を使った利用法もいくつかあります。たとえば、パイナップルやキウイフルーツをすりおろしたものに肉を漬けておくと肉がやわらかくなります。これは、パイナップルに含まれる「ブロメライン」、キウイフルーツに含まれる「ア

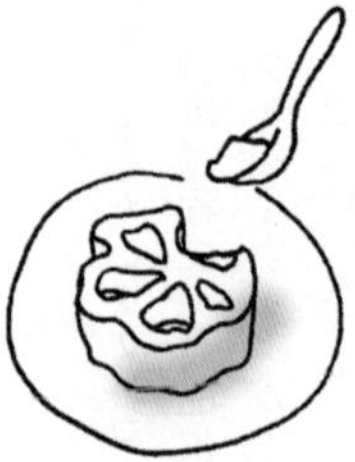

クチニジン」というタンパク質分解酵素が肉のタンパク質に作用してやわらかくするからです。ほかにもパパイヤに含まれる「パパイン」など、熱帯原産の果物にはタンパク質分解能力が高い酵素が含まれています。

酵素を使って肉などをやわらかくすることは、ただ単においしくするというだけでなく、今後の日本の高齢化社会に向けた食、とくに介護食の分野ではますます重要な課題となっています。高齢になってこれまで食べていた馴染みの食事から、突如流動食のような介護食へとすんなり移行できる方はきっと少ないはずです。人が年を重ね、摂食・嚥下能力が低下しても、本来食べたいものはそうそう変わるものではないでしょう。そのため、「見た目はこれまでどおり、でもやわらかくて食べやすい」という食事は魅力的な介護食であるといえます。

そのような食品をつくる技術が、広島県の食品工業技術センターによって開発されています。「凍結含浸法《とうけつがんしんほう》」と呼ばれる方法です。簡単にいえば、圧力を利用して食材中にやわらかくする酵素を入れ込む方法で、この技術を使うと、煮てもかたいタケノコをババロアのようにスプーンですくって食べられるというミラクルな技術です。そのため、今までのミキサー食のような介護食が一変する可能性を秘めています。

肉や魚介類にもこの技術は応用でき、「見た目は普通のステーキ肉でもスプーンで軽く押しただけでフニャッとつぶれ、口に運ぶと舌の上でフォアグラのように溶けてなくなる肉」というものもつくられています。さらに、反応時間などを変えることによって、そのかたさも自在にコントロールできるようです。

この技術は、介護食の現場にとどまらず、一般の人向けの新食感食品としての利用も考えられており、個人的には分子調理分野に応用できないかと期待しています。プロの料理の世界でも、この技術を利用して新感覚の料理を創作したいと思う方もいるのではないでしょうか。この酵素を使った「見た目はそのままに食感だけを変える」という技術の動向に今後も注目していきたいと思います。

◉物質の三態〜相転移!?による「吸うコーヒー」の登場〜

ポテトチップスやキャンディが湿気るのはなぜ?

物質は、固体、液体、気体という三つの状態、すなわち「相」をとります。

「固体」は、低温で原子運動の回転と振動が制限され、動くことができない原子や分子が密に配置された明瞭な構造をとります。温度を上げていくと、原子や分子はその場に縛り付けていた電気的引力に打ち勝ち動き出します。整然とした構造が崩れますが、分子は動きがまだ鈍いため、分子どうしはゆるく結びついた状態が続きます。この状態が「液体」です。さらに温度が上昇し、分子が互いの影響を完全に打ち消し合う運動エネルギーを持ったとき、分子は空気中を自由に動き回るようになります。同じ流動性を持つ状態でも液体とは異なるこの状態が「気体」です。

食品は、三相の中でも料理の形をつくる固体が重要ですが、塩や砂糖、「テンパリング」という温度調整して口溶けをよくしたチョコレートなどの固体中では、原子や分子が規則正しい反復配列に並ぶ結晶構造をとっています。一方、キャンディなどでは、分子がばらばらのランダムに配列した非結晶の構造であり、この状態は「ガラス状態」と呼ばれています。

分子がガラス状態となっている「ガラス化食品」には、キャンディ以外にも、クッキー、ビスケット、せんべい、シリアル、カツオ節などがあります。これらの食品に特徴的な〝カリッ〟、〝バリッ〟とした食感は、「固体でありながら壊れやすい」という食品のガラス化の性質によるものです。デンプンやタンパク質のような大きくて不規則な形の分子は、規則正しい結晶領域と不規則な非晶質領域をあわせ持った塊になることが多いといわれています。

ガラス化食品は、食品の水分含量や温度が高まると、ガラス状態で動きを制限されていた分子が、ゆっくりと動き始めます。その結果、固体として固まっていたものが、べったりしたり、しなっとやわらかい流動体に変わっていきます。これが、ポテトチップスやキャンディが湿気るメカニズムです。この状態は、「ゴム状態」と呼ばれています。

「コロイド」で広がる食のバリエーション

料理において、純粋に単一の相となるような場合はほとんどなく、固体と液体、液体と気体、または固体と液体と気体などの異なる相が混在しているのが普通です。「固体、液体、気体のひとつの相の中に、異なる相の粒子が分散はしているが、溶解はしていないもの」は「コロイド」と呼ばれています。具体的には、懸濁液、ゲル、泡などがあります。

牛乳は、固体の乳タンパク質の集合体であるミセルが、液体である水に分散している「懸濁液」です。反対に、水が固体中に分散し、固体のスポンジ状の構造をしているものは「ゲル」と呼ばれています。ゲルには、動物のコラーゲンを熱分解した固形のゼラチン内に水がとどまって固まっているゼリー、海藻のテングサなどの中に水を溜めている寒天などがあります。

液体や固体の中に気泡がたくさん分散すると、「泡」の構造になります。液体の中に気体が入り込むとホイップクリームのようなリキッドフォームになり、固体の中に気体が入るとスフレ、マカロンなどのソリッドフォームになります。空気のたくさん入ったチョコレートのお菓子などは、気泡によって口溶けのよさを演出することができます。また、液体の白ワインに二酸化炭素を過飽和状態にしたものがシャンパンなどのスパークリングワインであり、液体に気体を分散させています。

料理の相を変えるという発想

水を除き、食材分子の多くは、加熱によってもとの相から別の相へと変化する「相転移」はなかなか起こりません。相転移する以前に、化学反応によって違う分子になることが多いからです。しかし、最近、食品や料理の開発において、それらがもともと持っている相を変化させる試みが、数多く行われるようになってきました。

たとえば、あるレストランではスパークリングワインをゲル化してジュレとして提供したり、同様に液体の調味料であるポン酢もジュレ化したものが複数の企業によって商品化されました。また、飲むカレーや飲むシュークリームなどを売りにするお店も登場しています。チューブ式の栄養系ゼリーのように、「食のゼリー化」は食事の利便性向上という点で社会に幅広く受け入れられています。

また、大変興味深い試みとして、コーヒーやチョコレートの成分をタバコのように〝吸って〟楽しむという「ル・ウィフ（Le Whif）」という商品が登場しています。医療工学が専門のハーバード大学教授デイヴィッド・エドワーズ氏らが、かつて開発した吸入器で医薬品やワクチンを取り込む方法から発想し、フレーバーパウダーを口の中に送り込むアイデアを着想しました。固体の粒子を気体中で分散させたエアロゾルで「食」

を提供するもので、せき込まないような粒子の大きさや量、容器などが工夫されています。コーヒーは飲むもの、チョコレートは食べるものという概念を変えたある意味衝撃的な製品です。

今後食事は、飲食の「飲む」、「食べる」以外にも、「吸う」という概念を加えた〝吸飲食〟がスタンダードになってくるかもしれません。気体、液体、固体という「相」、さらに相どうしの組み合わせを意識することによって、料理はさらに新たなステージへと広がりを見せてくれるでしょう。

コラム9　多彩な食感を生み出すトランスグルタミナーゼの分子調理への応用

熟成の反応は、基本的に熱力学第二法則によるエントロピー増大、すなわち高分子が分解し、それによって低分子が生成する方向に反応が進みます。具体的には、デンプンが分解することにより甘味成分が増大したり、タンパク質が分解することによってうま味アミノ酸が増えたり、脂質が分解することによって独特の香りが生成する反応などです。

この熟成に関わる反応には数々の酵素が関係しています。発酵中、食品成分を〝ばらばらにする〟酵素というのはたくさん知られていますが、その反対の食品成分を〝つなぎ合わせる〟酵素というのは限られています。そのつなぐ酵素のひとつとして、「トランスグルタミナーゼ」が知られています。

トランスグルタミナーゼは、おもにタンパク質（グルタミン側鎖）とタンパク質（リジン側鎖）を共有結合でつなぎ合わせる（架橋する）機能を持っています。微生物や動植物など自然界に広く存在する酵素で、その中でもとくに動物の皮膚などに多く存在し、架橋反応によって、皮膚表面の物理的強度を高めたり、保湿機能を高めたりする役割を担っています。

食品業界では、放線菌が生産するトランスグルタミナーゼが、味の素株式会社から「アクティバ（海外ではMeat Glue）」という商品名で発売され、食品物性の改良剤として幅広く用いられています。

現在、その利用がもっとも進んでいるのは、かまぼこなどの水産練り製品の加工分野でしょう。トランスグルタミナーゼを使うことによってほどよい弾力性、しなやかな食感を実現することを容易にしています。これまでは、ナトリウムやカルシウムなどのミネラル塩などが食感の改善に使われていましたが、トランスグルタミナーゼは味覚や風味には影響を与えないというメリットがあります。さらに製麺分野でも、このトランスグルタミナーゼを使うことによって小麦粉のタンパク質どうしをつなげるため、弾力性を高め、コシの強い麺をつくることを可能にしています。

ラーメンの麺などは、茹でてから時間が経っても伸びにくく、コシのあるおいしい麺の状態を維持することができます。

　そして、このトランスグルタミナーゼが、一番センセーショナルに脚光を浴びたのが、食肉加工分野での利用でしょう。ソーセージの〝バキッ〟、ハムの〝ジュワ〟とした食感を向上させるだけでなく、バラバラの肉片にトランスグルタミナーゼの粉末をまぶし、ラップで包んでおくだけで、翌日には立派なステーキ肉になるというものです。このトランスグルタミナーゼの反応は、肉と肉との接触面が、もともと肉の中にもある酵素反応でつなぎ合わさるため、トランスグルタミナーゼで結合させた肉は、見た目は通常のブロック肉とほとんど区別がつきません。牛乳由来のカゼインナトリウムやカラギーナンなど、いわゆる結着剤でつくった成型肉とは一線を画しています。そのため、トランスグルタミナーゼは肉の接着剤ともいわれ、一部のレストランでも使われています。

　より変わった使い方としては、ニューヨークのレストラン《wd~50》のシェフ、ワイリー・デュフレーヌ氏が、輪切りにしたラディッシュをゼラチンと一緒に重ね合わせるように並べ、トランスグルタミナーゼの

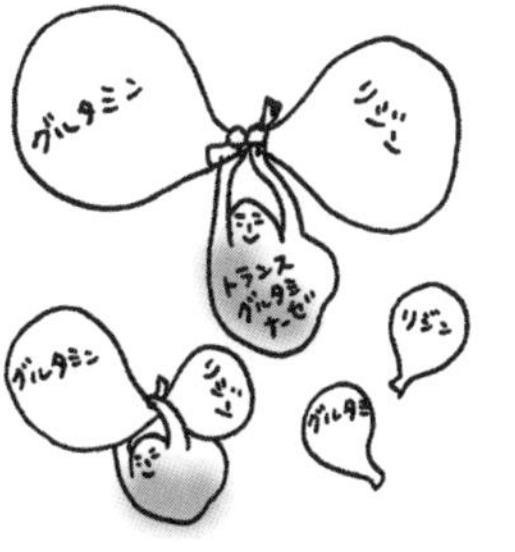

粉末をふりかけることで、「ラディッシュシート」というものをつくっています。柔軟性のあるシートを適当な大きさに切ることで、ラディッシュの皮の赤のリングが重なった色鮮やかで立体的な造形を可能にする斬新な食材になります。そのほかにも、デュフレーヌ氏は、トランスグルタミナーゼを使って「エビが九五％以上入ったパスタ」をつくり、別名「麺の再発明」とも呼ばれています。

トランスグルタミナーゼは、タンパク質どうしを化学的につなぎ合わせ、多彩な食感のある料理を生み出します。しかも、もともとその食材自身が持っている結合であるため、つなぎ目がごく〝自然〟であり、なおかつ風味に大きな影響は及ぼしません。「既存の素材の風味」と「斬新なテクスチャー」を融合させるトランスグルタミナーゼは、現在、分子調理分野の重要なツールとなっています。

第4章 「おいしい料理をつくる」の科学

一　おいしい料理をつくる前に

◉これからのおいしい料理は、食の流れ全体を見渡すことから

調理における「虫の眼・鳥の眼」

　仕事をするうえで大事だといわれるふたつの視点に、「虫の眼・鳥の眼」があります。「虫の眼で問題をクローズアップしてより深く考える一方で、鳥の眼で俯瞰して全体像をとらえよ」というものです。日本人は、「虫の眼」を磨き、ひとつの道を極めた「匠」をリスペクトする文化を持っています。その一方で、自分の業界を広く見渡したり、その外側の世界の動きも察知するいわば「鳥の眼」は、意識して磨こうと思わなければなかなかブラッシュアップされにくいものです。とくに研究者などは、自分の専門に引きこもり、タコツボ化しやすい職業です。

　おいしい料理をつくるうえでも、この「虫の眼・鳥の眼」は大切でしょう。分子調理学的に料理のミクロな構造を考えることに加え、さらにマクロ的に料理の周辺をも俯瞰的にとらえることが、料理のさらなるおいしさのレベルアップにつながっていくように感じます。もちろんそのような目線がなくても料理をつくることはできますが、一億総グルメ化の日本で、テーブルの上の料理のことを考えるだけではほかとの差別化は難し

くなりますので、新たな料理を開発するうえでも広い視点を持つことは大事なことでしょう。

食のタイムライン

一般的に、食材を獲得して調理し、食べて体の中で栄養になるまでの「食の流れ」は、おおまかに次のようになります。

生産・採取↓加工・製造↓保蔵・流通↓調理↓摂取↓消化↓吸収↓代謝

野菜や果物の農産物、肉や牛乳などの畜産物、養殖の魚などは、人によって育てられ「生産」されます。一方、野草、ジビエ、天然魚などは、「採取」されます。

どのような環境で生まれた食材なのかを知ることは、おいしい料理をつくるうえでとても重要です。収穫後、食材がそのまま私たちの手元に届く場合もありますが、多くは食品企業による「加工」または「製造」などの工程を経て、適切な温度管理などによる「保蔵」さらに「流通」を介して、市場やスーパーマーケットなどに並びます。

私たちはそれらの食材を購入して「調理」し、食べものを体の中に「摂取」します。食べたものは、消化管内で「消化」され、「吸収」を経て私たちの体に取り込まれます。

食品分子は体のすみずみにまで行き渡り、「代謝」を経て体を動かすエネルギーや体のパーツとなります。

この「食の流れ」の上流から下流までの「時間軸」を把握することが、これからの調理に不可欠な要素になるのではないでしょうか。たとえば、このホウレンソウはどのような土地で生育されたものなのか、この醬油はどのような製法で製造され、どのように流通されたものなのか、オリーブオイルをたくさん使う料理は消化性にどのような影響を及ぼすのか、などです。

食の流れの各プロセスをくわしく把握することは、その道の専門家でも難しいことですが、将棋・囲碁の世界での局面全体を見る「大局観」のスタンスで食の全体を考える習慣が、次世代の料理をつくるにはとても重要になっていくと思います。

食の感性を磨く

食の流れで、私たちがもっとも目にするのは調理されたあとの「料理」でしょう。普段料理をしない人も、食べるのは「食材」ではなく、調理操作が施されたあとの「料理」

です。

テレビ番組などのメディアで食べものの情報が氾濫しているように、老若男女を問わず、多くの人が「料理」には文字どおり食いつきます。多くの人が食の流れの中で興味ある対象は、食の始めの「生産」でも、食の終わりの「代謝」でもなく、より身近な「料理」に違いありません。あまりに社会における料理への関心や執着が巨大すぎて、アンバランスさを感じます。

しかし最近では、家庭菜園や食品工場見学、食と健康などへの興味が高まり、料理の前後のブラックボックスとなっていた部分への関心も広がりつつあります。キッチンだけでなく、畑や牧場、海といった自然に飛び出して、好奇心を外へと広げていただきたいと思います。

◉調理と加工の違いとは

料理をつくる際の人の手によるふたつのステップ

食材を「調理」することと「加工」することの違いは何でしょうか。一般的に、「調理」は、「台所で生の食材の状態から食卓に出される状態にする操作のこと」で、時間的には継続して行われることが多いとされています。しかし、調理操作は、必要に応じて中断することも、再開して続けることもできます。調理操作を中断した場合には、中断までの調理操作が「加工」と呼ばれ、調理とは区別されています。
科学・技術の発展によって、加工はおもに、食材を一次加工食品や二次加工食品といった調理しやすい食品につくり変える低次の工程ともいえます。その一方で、調理は同じような食材を扱う場合もありますが、おもに加工によってつくられた食品に手を加えて直接口にする食べものをつくる高次の工程であると定義できます。

また、規模で考えると、加工は不特定多数や比較的大きな集団を対象としているのに対し、調理は家庭内やレストランでの特定の少数集団を対象としていると考えられます。さらに加工は、生産に近い所で行う、少品種大量生産、品質の安定化、長期保存、包装必要が基本であるのに対し、調理は、消費に近い所で行う、多品種少量生産、嗜好性優先、保存料の使用不要、包装不要などの特徴があります。

しかし最近では、半調理食品や中食《なかしょく》などの持ち帰りの食べものが増えてきたため、調理と加工の境界線が次第にあいまいになってきました。また、安価な冷凍食品、レトルト食品の登場などによって、家庭内での調理をあまり必要としない食品の使用が増える一方、野菜や魚介類などの生鮮食料品の使用が減少するという、調理のアウトソーシングが進んでいます。今では、昆布とカツオ節でだしを取るような和食の基本調理操作が、非日常になっているといえます。自分で裁縫して洋服をつくる人が昔と比べると圧倒的に少なくなっているように、料理をつくることが、今後ますます趣味や娯楽となる流れは加速しつつあります。逆にいえば現在は、素材から丹念に調理することが希少性の価値を持つということでしょう。

自然の風味を活かし、新たな食感を創造する「プレッシャー」加工技術

新しい食品加工技術は、食品企業での製造レベルから発展し、やがてレストラン、家庭での調理レベルへと徐々に行き渡ることがあります。最新の食品加工技術に、革新的な調理技術がひそんでいる可能性があります。今後、調理技術に応用される可能性がある一例として、「高圧加工」の技術を紹介します。

調理に火の力は、絶大です。火を使わないで料理をつくろうとすれば、できる料理がかなり限定されます。しかし熱を使わず、食品を四〇〇〇から七〇〇〇気圧の圧力で〝プレス〟する加工処理法が注目されています。世界で一番深いといわれるマリアナ海溝が、海底約一万メートルで一〇〇〇気圧程度ですから、私たちの身の回りにはない超高圧の世界であるということがわかります。

そのような高い圧力を食材にかけることで、食品を構成する分子は密な状態に押し込

まれます。その結果、分子は物理的な変化を起こし、高分子のタンパク質やデンプンは加熱した状態と非常によく似た現象を示します。

しかし、圧力処理は熱処理と比べて食品素材に与えられるエネルギーが格段に低いため、化学的な変化は起こりにくい特徴があります。そのため、食材の色や香りはほとんど変化することがなく天然の状態で保たれたり、ビタミンCなど通常加熱すると破壊されてしまう栄養素の損失が少なかったりします。さらに高圧加工技術には、異常物質や異臭の発生がなかったり、加熱とは異なる独自の物質ができたり、熱処理に比べて省エネルギーであるなどといった優れたアドバンテージがあります。

株式会社神戸製鋼所製の『Dr. Cheff』という高圧処理装置を用いて、学生たちと鶏卵の高圧処理を行ったことがあります。殻付きの生卵に六五〇〇気圧の静水圧を加えると、外の殻はそのままに、中の卵白と卵黄はゆで卵のように固まります。

「見た目はゆで卵みたいだけど、生卵の風味が残ってる」

「黄身はモチモチしてて、白身はコリコリした食感があって面白い」

これまでに体験したことのない「新しい卵料理」ができました。

高圧加工装置から高圧調理家電へ

食品の高圧加工の歴史をひもとくと、一九八七年に京都大学名誉教授の林力丸氏が

「従来の加熱加工に代わる食品の風味や栄養価を損なわずに殺菌可能な食品加工への圧力の利用」を提唱したことが大きなターニングポイントとなり、それ以降、日本で食品への高圧利用が脚光を浴びるようになりました。そして、一九九〇年には世界初の「超高圧加工食品」として「ハイプレッシャージャム」が、株式会社明治屋から市場に出されました。試食してみたところ、加熱していないので香りがとてもフレッシュで見た目も鮮やかでした。

このように、日本は食品高圧処理の発祥の地として、いち早く実用化が進みました。近年では、海外でも食品の加圧処理に注目が集まり、スペインやアメリカではソーセージやハムなどの肉製品に高圧加工が導入されています。

全世界で食品産業の製造に使われている高圧処理装置は、二〇〇〇年から二〇〇八年の八年間でほぼ一〇倍、その後の四年間でさらにまた倍増しています。装置自体がとても高価なので、レストランや個人単位で簡単に買えるものではありませんが、さらに普及すれば低価格化の波がいずれ訪れるかもしれません。今ではどの家庭にもある電子レンジは、一九六一年当時の

発売価格が一二五万円でした。大学卒の初任給が一万三六〇〇円の頃です。高価な電子レンジがその後いかにコストダウンしたかを考えると、技術革新によって「一家に一台、高圧調理家電」の時代が到来する可能性はゼロではないでしょう。

加熱調理でつくり出せない、香り豊かな野菜や果物のペーストを使った料理や、これまでにない風味と食感を持つ肉料理や魚料理などが「プレッシャー」装置によって味わえるようになるかもしれません。

◉料理は、食材、道具、人の三要素から成り立つ

料理の三要素とは

料理は、米、小麦、いも、大豆、野菜などの植物性食品、乳、肉、卵、魚などの動物性食品、そして調味料、香辛料といったさまざまな「食材」を、包丁、鍋、コンロなどの「調理道具」を使い、切る、焼く、煮る、炒める、蒸すといった「調理操作」を加えて完成します。すなわち、料理を〝分解〟すると、「食材」、「道具」、「操作」の三つの要素から成り立っているといえます。これらは時代によってそれぞれ大きく発展してきました。

食材を見ると、昔の野菜はもっと野性味があり、果物も今売られているものと比べて甘味が少なく酸っぱいものが多くありました。人は、食材の品種改良や選抜育種を重ね、

より安全で、よりおいしく、より栄養があり、より多く収穫・生産できる野菜や果物そして家畜を、試行錯誤を重ねてつくり出してきたという歴史があります。

調理の道具や設備も、大いなる進化を遂げてきました。とくに調理の基本である火を使う加熱調理は、人類の歴史の中で改良に改良を重ねてきました。たとえば、床にくぼみをつけて火を炊くいろり、そして耐熱性の材料で囲んだかまどが、江戸時代にコンパクトでポータブルな七輪へと発展しました。さらに現代では、コンロ、電子レンジ、炊飯器、電気ポット、オーブン、ホットプレートなどの調理器具の高機能化と専門化が進んでいます。

また、同じ食材、同じ調理道具を使っても、料理初心者とプロの調理人がつくる料理には、天と地ほどの差があるように、人が行う「調理操作」が料理のおいしさに最大級の影響を及ぼします。とくに、塩、コショウなどの調味料を使って味を決める「調味操作」は、文字どおり人のさじ加減で大きく変わります。料理でもっとも多い失敗のひとつが、この「味が濃すぎた」、「味が薄すぎた」という調味料の調整ミスでしょう。

料理の〝F1化〟

人の調理・調味プロセスのすべてが、最終表現形である料理の風味やテクスチャーに影響を与えます。家庭であれば、材料を計量カップ、計量スプーンで測るといった初歩的なものから、料亭などでは、昆布とカツオ節で一番だしをとる、魚を三枚に下ろし美しく刺し身を盛り合わせる、食材ごとに温度と時間を変えて天ぷらを揚げ分けるといったすべての工程においてです。

しかし、ファミリーレストランなどの外食産業では、人による調理操作の〝誤差〟が可能な限り出ないように、マニュアル化によって「おいしい料理の再現性」を日々高めています。それは、調理の前の加工プロセスが工場規模のセントラルキッチンで行われていることや、温度や湿度コントロールがきちんとできる調理器具の性能が著しく向上しているためで、相対的に人の操作の重要性が下がっています。

世界最高峰のカーレースであるフォーミュラ１（Ｆ１）では、人が車を運転するテクニックよりも、マシンの性能の占める割合が昔と比べて大きくなってきたように、人の調理技術よりも、調理道具が果たす役割が大きくなっている傾向は少なからずあると思います。

コラム10　加熱調理は、ヒトの脳を進化させ、体を退化させた？

サイエンスの分野で、一九九〇年頃から「二一世紀は脳の時代」という言葉をよく耳にしていましたが、「脳科学ブーム」はかなり前から起きています。「ヒトとサルを分かつもの」を考えると、言葉の有無、手先の器用さなどありますが、やはり「脳の違い」が圧倒的に大きいといえるでしょう。

ヒトの進化に関する最近の研究では、私たちの祖先が「火を使った調理」を覚えたことが、脳を大きくするうえでのターニングポイントであったと報告されています。ブラジル・リオデジャネイロ連邦大学のグループの研究によると、さまざまな霊長類の体と脳の重さをカロリー摂取量と比較した結果、体や脳を大きく成長させるためには、やはりたくさん食べなければならないということが科学的に証明されました。

脳は、ヒトの臓器の中で体重の二％程度の重量を占めるにすぎませんが、エネルギー消費は体全体の約二〇％と「エネルギー喰い臓器」です。そのため、十分な栄養が摂取できなければ、脳は大きくなりませんでした。ゴリラのような大型類人猿は、ヒトより体は大きいですが、生の植物や果実しか食べないため、今のような食生活ではキングコングのように巨大になるのは到底難しく、せいぜい体重を二〇〇キログラムぐらいにするのが精いっぱいです。さらに、摂取したエネルギーのうち、体の拡大や維持に使うエネルギーが大きいと、脳の拡大に回すぶんはおのずと少なくなります。そのためか、ゴリラの脳の重さは四五〇グラム程度で、ヒトの脳の一二〇〇～一四〇〇グラムの三分の一程度の大きさです。また、自然界で確保できる食料の量、食料を探す時間、さらに一日の食事時間などは有限であるため、体や脳の大きさにはおのずと限界値があります。

このように食料や時間などが制限された世界の中で、ヒトの祖先は、摂取したエネルギーを「体」に回すか「脳」に回すかの岐路に立たされました。そのとき、私たちの先人は「体の大きさ」よりも「脳の神経細胞の数を増やす」というトレードオフによって、「脳重視」の道を選んできました。さらに、原人であるホモ・エレクトゥスが「火を使った調理」を覚えたことがエポック・メイキングとなって、人類の祖先の脳のサイズは、二五〇万年前から一五〇万年前の間に四〇〇グラムから九〇〇グラムへと約二倍に急成長しました。加熱調理が、その脳の拡大のリミッター

を外す原動力であったといえるでしょう。

では、未加熱の食材と加熱した食材とで、「エネルギー効率」が本当に異なるのでしょうか。ハーバード大学の研究者らが、加熱調理で食料中の栄養成分の消化、吸収率が向上することを科学的に証明しています。実験動物のマウスに生のサツマイモ・牛肉と、調理したサツマイモ・牛肉を与えた場合、同じカロリー量であっても、調理した食べ物を与えたほうが生の食べ物を与えたよりも体重の増加をもたらしました。これは、食材を調理することが消化の肩代わりをし、それによってヒトがより高いエネルギーを得るようになったことを意味しています。調理によるエネルギーの効率的な摂取が、より大きな体とより複雑な頭脳を持つ人間の誕生を可能にしたということを科学的に裏づける結果です。

現代の日本やほかの先進国を眺めてみると、食料を探して森中を歩き回る必要がなく、身の回りに食べものがふんだんにある「飽食ワールド」となっています。砂糖や油脂を大量に使い、やわらかくて食べやすい食事、精製度の高い加工食品の過剰摂取は、体重を増やし、肥満、高血圧、糖尿病、心臓病といった生活習慣病のリスクを増大させてしまっています。そのため、普通の白米に雑穀を混ぜた雑穀米や、通常の白い小麦粉ではなく全粒粉を使ったパンなどが登場し、これまでの精製度を上げておいしさを追求してきた流れとは真逆の立場の、ある種不思議な状況になっています。調理・加工することが、体にとってある意味「退化」を押し進めてしまった側面が現代の食生活にはあります。

現在の私たちにとってはおそらく、食材をシンプルに焼く、煮る程度の基本的な調理による食事が健康的なのでしょう。そのため、エネルギー効率が非常によすぎる加工食品の過剰摂取には、人間の体は適応できていません。先進国での体の肥大化、すなわち肥満という「進化しすぎて退化」という現象は、生活習慣病による罹患率の上昇から、ほぼ臨界点に達しているように見えます。

しかしその一方で、「人間の脳の大きさは、まだ限界に到達していない」と話す研究者もいます。数十万年後には、加工食品の過剰な摂取エネルギーを、肥満のような体の拡大ではなく、脳の拡大にのみ利用し、ニューロンが今の人間の何倍も活発に働くような代謝系を持つニュータイプの人種が登場するかもしれません。

二　調理道具

◉無人島に持っていきたい最強の調理道具、「包丁」

最小限のキッチンツールとは？

世の中では、日々新しい調理道具が登場しています。わが家でもこれまで、ホップレート、ワッフルメーカー、ダッチオーブン、シリコンスチーマー、パン焼き機、スライサー等々の新しい〝キッチン・ガジェット〟を購入しては、次第に使わなくなりシンク下の肥やしとなっています。「おいしい料理をつくるうえで、最低これだけの道具があれば」というミニマムなキッチンツールは何でしょうか。

たとえば、高校を卒業し親元を離れ、一人暮らしを始める料理ビギナーズが必ず買う調理道具といえば、包丁にまな板、鍋におたま、フライパンにフライ返し、さらに調理家電として炊飯器に電子レンジ、そして冷蔵庫でしょうか。これだけあれば家で料理ができるでしょう。

そもそも伝統的な料理を示す「割烹」という言葉は、〝切る〟ことを意味する「割」と、〝加熱する〟ことを意味する「烹」から成り立っています。この二つが料理の基本動作であると考えると、「切る道具」と「火を入れる道具」が、最低限必要な調理の武器といえるでしょう。そのため、調理道具は大きく「非加熱用器具」と「加熱用器具」のふたつのジャンルに分けることができます。それぞれの特徴を考えてみましょう。

非加熱用器具には、計量スプーン、計量カップ、はかりなどの「計量用器具」、包丁、まな板、皮むき器、フードプロセッサーなどの「切砕用器具」、泡だて器、しゃもじ、へらなどの「混合・攪拌用器具」、ミキサー、おろし金、すり鉢などの「磨砕用器具」などがあります。

これらの中で、無人島にひとつだけ持っていけるとしたら、何を選ぶでしょうか。私はおそらく「包丁」を選ぶでしょう。包丁がなければ、捕った魚をさばくのにも、採取した野草を刻むのにもかなりのストレスを感じるはずです。包丁ほど、調理において存在感の大きい道具はありません。

その包丁にも材質、刃のつぎ方、刃幅などによってさまざまなものがあります。いわゆる「和包丁」、「洋包丁」、「中国包丁」があり、刃の形も「両刃」、「片刃」、材質も、鋼《はがね》、

ステンレス、セラミックなどがあります。鋼は、鉄と炭素の合金であり、これに、クロム、ニッケルを添加したものがステンレス鋼です。ステンレスの包丁は、表面に酸化クロムの膜をつくるため、鋼の包丁のように酸化鉄になりにくく、さびません。しかし、研ぎがききにくいので、きちんとメンテナンスすれば、鋼の包丁のほうが切れ味を維持することができます。

まな板のコンピュータ化

また、包丁を受ける側のまな板にも、木製や合成樹脂製などがあり、刃のあたり方、食材の滑りやすさも異なります。

興味深いニュースとして、二〇一三年一〇月、Sharp Europe がタッチスクリーンを搭載した「インタラクティブまな板 Chop-Syc」のプロトタイプを発表したというものがありました。まな板にレシピを映し、それを見ながら調理することができます。また、デジタルスケールとして食材を量ったり、計算機能を使って人数分に合わせた分量を算出したりする機能もあります。

腕時計やメガネなど、身につける〝ウエアラブルコンピュータ〟が注目されているように、調理器具や調理機器のクッキングコンピュータ化が進み、冷蔵庫が庫内の食べものの賞味期限を教えてくれたり、包丁とまな板がみじん切りのガイドをしてくれたりするようになるかもしれません。

◉多様化する「加熱用調理機器」

三つの伝熱方法

切るとともに調理に不可欠な加熱用器具としては、各種の鍋、ガスコンロなどの「熱源専用機」と、炊飯器、オーブンなどの「加熱用調理器具」があります。

鍋は、さまざまな加熱調理に用いられ、その形や大きさ、材質の異なるものがたくさん存在しています。焼く、煮る、炒める、蒸す、揚げる、炊くなどの調理手法や和風、洋風、中華風などの調理用式の特徴を考慮して、目的に適した鍋が選択されます。

そもそも食材に熱を伝える方法は、おもに三つあります。「伝導」、「対流」、そして「放射」です。伝導は、ふたつのものが直接接触して熱が受け渡されることで、フライパンでパンケーキを焼く現象などのことです。対流は、熱い物体が冷たい物体に対して動くことによって熱が受け渡され、オーブンでパイを焼いたり、お湯で野菜を茹《ゆ》でたり、蒸し器でトウモロコシを蒸したりすることです。放射は、電磁エネルギー（マイクロ波や赤外線）の放射によるエネルギーを食材に伝えることです。電子レンジや炭火焼きがこれにあたります。

私たちの生活の中で、不思議の多い「電子レンジ」と「ＩＨ調理器」の特徴について見ていきましょう。

身近にある秘密の箱「電子レンジ」

新しい技術には軍事的基盤をもとに発達したものが多いですが、電子レンジは、レーザー技術を母体に一九四五年にアメリカで研究され、「rader range」の商品名で市販されました。日本では業務用としてまず使用され、一九七〇年頃から家庭に普及しました。

電子レンジの発売当時は、火を使わずに加熱できる不思議なものとして何かと話題になりました。オーブンの内部が熱くならないのに、食品から湯気が出たり、餅がつきたてになるので、「まるで魔法のようだ」と騒がれていました。

電子レンジほど身近にありながら、その原理が十分に理解されていない調理器具はないでしょう。電子レンジの原理は、まず庫内のマグネトロンという真空管の一種からマイクロ波が放出されます。マイクロ波は、一ミリメートルから一メートルの波長を持つ電磁波の一種です。マイクロ波が食品に吸収されると、食品中の水分子は高速で反転を繰り返します。日本の電子レンジ周波数は二四五〇メガヘルツですので、水分子が一秒間に二四億五〇〇〇万回振動するということです。この分子の反転が、食品内部で発熱するしくみです。よくいわれる「マイクロ波による水分子どうしの摩擦が熱を生じさせる」というのは誤りです。

食品の成分ごとに、マイクロ波の吸収のされやすさは異なります。水分子はマイクロ波の吸収効率が高いので、水分量の多い食品は発生熱量も大きく、温度上昇も早くなります。一方、油は吸収効率が低いため、少量の油を含む食品ではマイクロ波は油の部分を通りすぎて加熱されにくい傾向があります。また、食塩を含む食品では内部にマイクロ波が到達しにくく、表面だけが高温になりやすい傾向があります。この原理を利用して、肉の表面に塩をすり込んで電子レンジで肉をレアに加熱することもできます。

「IH」による台所革命

IH調理器のIHは、「誘導加熱」という意味の Induction Heating の頭文字をとったもので、電磁誘導を利用した加熱法のことです。一九七〇年にアメリカでつくられたのが始まりです。発売の動機には、調理器によるガス爆発や火災の防止、オール電化住宅などの社会的要請から、安全性、清潔性、高効率の調理器が必要とされた背景があります。

IHの原理は、IH調理器の内部にある磁力発生コイルに、インバーターで発生させた高周波の交流電流を流して磁力線を発生させます。これによってトッププレートの上に置いた鍋を貫く「うず電流」が生じ、この電流が鍋内を流れるときの鍋の電気抵抗によって鍋自体が発熱するしくみです。

IH方式は、電気炊飯器や電気ポットにも利用されており、私たちが想像する以上に広く普及しています。IH調理器の熱効率は約九〇%と、電気コンロの七〇%、ガスコンロの四〇~五〇%に比べて非常に高いメリットがあるのに対し、鍋が接していないと加熱されないので、直火焼きができないというデメリットがあります。

IHに使用できるのは、底が平らで、鉄を含む磁性体（鉄ほうろう、ステンレス製）で、銅やアルミ製の鍋は、電気抵抗が非常に小さく発熱量が少ないのでこれまでは使えないとされてきました。しかし、最近では調理器内でのインバーターの数を増やして高火力を実現した結果、非磁性のステンレス製の鍋でも的確に熱を伝える高出力のＩＨ機器も登場しています。

◉調理器具としての「実験道具」

実験機器を駆使した分子調理法

《エル・ブリ》のフェラン・アドリア氏や《ファット・ダック》のヘストン・ブルメンタール氏らは、実験室レベルの器具を調理器具として用い、料理の可能性を広げてきました。

大学の有機化学実験などでよく使われる、液体を減圧下で蒸発・濃縮させる「ロータリーエバポレーター」は、料理の世界でも比較的昔から導入されています。減圧により溶媒の沸点を下げ、比較的低温でも簡単に液体の除去ができるので、果物から香り高いフレーバーを濃縮する際などに使われています。また、「遠心分離機」も調理に使われています。たとえば、トマトジュースやピーチピューレを沈殿部分の固体と上澄み部分の液体に分けることで、異なる食材が誕生し、それらの特徴を活かした新料理の開発が行われています。

科学実験で使われる実験器具や実験機器は、料理に応用できる道具の宝庫のように思えます。とくに分離、濃縮、乾燥、攪拌、精製、温度調節に関する機器類は、高度に細分化されており、徹底的にこだわったマニアックな道具がそろっています。

たとえば、ある食材を乾燥させて粉にしたいとき、冷却と加熱がコントロールできる「凍結乾燥機」を使えば、食材の風味をもっとも活かした状態での粉末化が可能です。さらにその粉末をさまざまなメッシュの「ふるい振とう機」を使ってマイクロメートル単位の粒形に分ければ、舌ざわりの異なる粉末を得ることもできます。

また、科学機器の中でも、細かく粉砕し均一化する「ホモジナイザー」は、細かい歯が高速で回転するものから、やわらかい動物の臓器などを均一にするガラスとテフロン製のもの、かたい歯や骨などを分銅によって粉々にする器具や、超音波を使って細胞レベルで粉砕するものまで各種取りそろえられています。これらを使えば、通常混ざらないような食材どうしも一体化させることが可能です。

さらに、動植物の組織や病理標本を顕微鏡で観察するときに試料を極薄の切片にする「ミクロトーム」を使って冷凍の魚をスライスすれば、数マイクロメートルの厚さの刺し身をつくることも可能でしょうし、金属の微粒子を高速で射出して細胞内にＤＮＡを導入する方法である「パーティクルガン」を使えば、肉の細胞の中に芳しいスパイスの香りの粒子を細胞レベルで打ち込むことが実現できるかもしれません。

実験道具の危険性

実験に使う道具や機器は、新しい料理や調理の可能性を劇的に広げるでしょう。しかし、正しく使わないと大事故を引き起こす場合もあります。

研究によく用いられる「液体窒素」は、料理の世界でもかなり使われるようになってきました。しかし、二〇〇九年にドイツのシェフが、液体窒素で料理をしようとした際、誤って両手を吹き飛ばしてしまうという痛ましい事故が起きました。この事故の原因はわかっていませんが、液体窒素の保存容器を密閉してしまった可能性が考えられます。

液体窒素は、沸点がマイナス一九八℃であるため、室温では気化し続けています。断熱容器に保管していても完全な断熱はできず、容器の中では絶えず窒素が蒸発しています。液体が気化すると約七〇〇倍に膨張するため、液体窒素の入っている容器を密閉してしまうと、蒸発した窒素ガスが行き場を失い、とんでもない高圧に達してしまいます。そのため、液体窒素の容

器は絶対に密閉してはいけません。また、液体窒素が人体にかかった場合は、凍傷になります、目に入れば最悪の場合、失明の危険性もあります。そのため、革製の手袋やメガネ・ゴーグルを使用するなどの注意が必要です。

実験に使う道具や機器を調理に使うときは、使用方法を知っている人から講習などを受け、道具・機器の原理原則をしっかりと身につけた人のみが使用するようにするなど、安全管理には最大限に注意する必要があります。

コラム11 人類史上、もっとも偉大な調理器具は何か

現代の人類の繁栄は、安定した食料の確保という基盤の上に成り立っています。これまで、人が生命を支える「食」のために使ってきたエネルギーは凄まじいものがあり、多くの先人によって数々の食に関する発明がなされています。

二〇一二年一一月に、英国王立協会の科学アカデミーが、「食の歴史においてもっとも重要な発明トップ20」というランキングを発表しています。ノーベル賞受賞者らのフェローによって選ばれたというその結果は次のとおりです。

1．冷蔵庫、2．殺菌・滅菌、3．缶詰、4．オーブン、5．灌漑、6．脱穀

機・コンバイン収穫、7．焼き（ベーキング）、8．選抜育種・系統、9．粉砕・製粉、10．鋤、11．発酵、12．漁網、13．輪作、14．鍋、15．ナイフ・包丁、16．食器、17．コルク、18．樽、19．電子レンジ、20．揚げ（フライング）

ランキングを見ると、私たちの家庭で身近にある冷蔵庫や電子レンジのような家電用品から、灌漑、選抜育種・品種改良、鋤のような食料生産分野まで幅広い発明が並んでいます。しかしトップ3は、どれも「食品の貯蔵や保存」に関する発明であり、いかに人類が食べものを安全にかつおいしくキープするのに長い間の努力と知恵を働かせてきたのかがわかります。

四位以下に登場するオーブンや電子レンジという調理を行う道具よりも、人間にとってやっかいな微生物との戦いである「食の安全・安心」の確保のほうが人類にとって偉大であるとの判断は理にかなっています。また、これはイギリスのランキングであるため、日本で行うとどのようになるでしょうか。独自の文化のものが入ってくるかもしれません。

トップ20には、現在の生活から見ると、あって当たり

前のものが並んでいます。あまりに馴染みすぎているため、その重要さが気づきにくいものですが、それだけどれも偉大な発見だったということでしょう。

三　調理操作

◉シンプルながら奥の深い「切る」操作

「切る」のサイエンス

料理をつくる際、包丁を使って食材を「切る」プロセスは、かなりの頻度で登場します。この切る操作をしっかりと身につけるのは大変なことです。

西洋料理や中国料理に用いられる洋包丁、中国包丁は「両刃」で、日本料理の和包丁は基本「片刃」です（図4－1）。片刃の包丁は、日本独自の包丁です。切れ刃のついているほうが表、ないほうが裏で、包丁の表と裏で切れ味が異なります。もちろん、片刃には右利き用と左利き用が製造されています。片刃の包丁を使いこなせると、「包丁の冴え」といわれる、見た目の繊細な美しい日本料理を生み出すことができます。

片刃と両刃では、押す力が同じでも包丁に加わる力が異なります。たとえば、図4－1のように、同じ力OPで包丁を押し下げて切ろうとする場合、両刃では両側に力（OQ、OR）が均等に分散されますが、片刃では一方にのみ二倍の力が働きます（OR’＝

2OR)。すなわち、片刃では、両刃のときと同じ力で切る場合、押し下げる力は半分で済むことになります。身がくずれやすいものを切る場合は、食材が包丁の刃を押し返す抵抗が小さいので、ほかの部分に圧力をかけて潰さないように、片刃を用いて切るのがよいでしょう。

刃先の角度（θ）が大きい出刃包丁などは、刃が厚いと食材を横方向に開く力が大きく作用して切れ味は悪くなりますが、かたいものでもバッサリと切ることができます。一方、刃が薄いペティナイフなどは切りやすく、細かな細工をするのに便利ですが、やわらかい食材しか扱えないという難点があります。

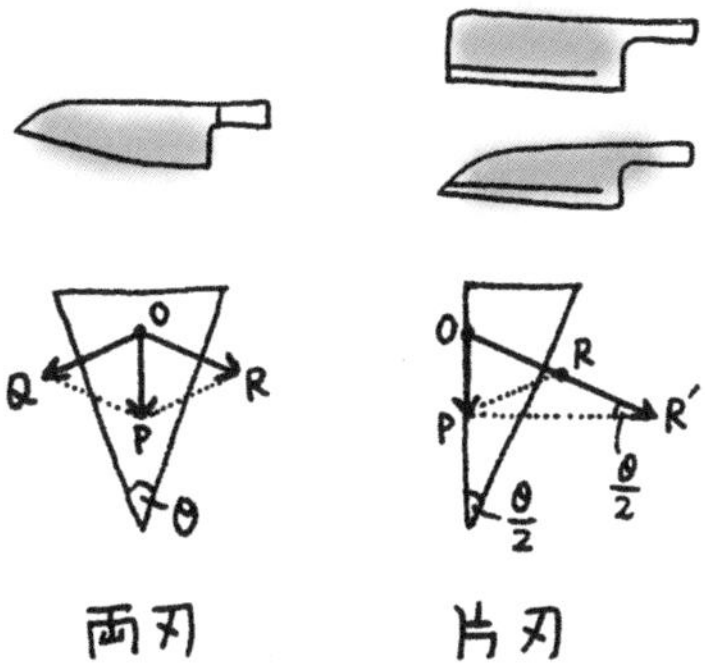

図4－1　包丁の種類と包丁に加わる力

包丁の種類に加えてその動かし方も大切です。基本的な切り方には、「垂直圧し切り」、「押し出し切り」、「引き切り」があります（図4－2）。

垂直圧し切りは、包丁の刃をまっすぐ下におろして食材を圧する運動で切る方法で、豆腐のようなやわらかい食材を切るときに適しています。一方、押し出し切り、引き切りは、包丁の押す力または引く力と刃に当たる食材に垂直な力の合力によって切ります。押し出し切りの例には野菜、引き切りには刺し身などがあります。

切るという至極の調理

魚介を切って刺し身をつくる際、切るといわず「引く」と表現しますが、「引き切り」という動作には、垂直圧し切りに比べて上から押さえる力を最小にしながら食品を切ることができるメリットが隠されています。刺身（たこ引き）包丁や柳刃包丁は、一気に引き切りができるように刃渡りが長くつくられています。長いものでは三〇センチメートル以上にもなります。

切るだけという、いわば究極の調理法でつくられた刺し身は、オリジナルな日本料理の代表であり、切り方によって「立ち方」が大きく変わってきます。一気に引き切りした魚介の切断面はガラス表面のようにフラットで、刺し身にツヤが出て、食べると滑らかな舌ざわりになります。反対に、強い力で押しつぶすように切ると魚は変形し、切断面は乱れて舌ざわりだけでなく見た目も損なわれます。

よく研いだ切れ味のいい包丁と切れ味が悪くなった包丁で切った刺し身の切断面を、それぞれ電子顕微鏡で観察すると、よく切れる包丁で切った刺し身の断面図は筋繊維が

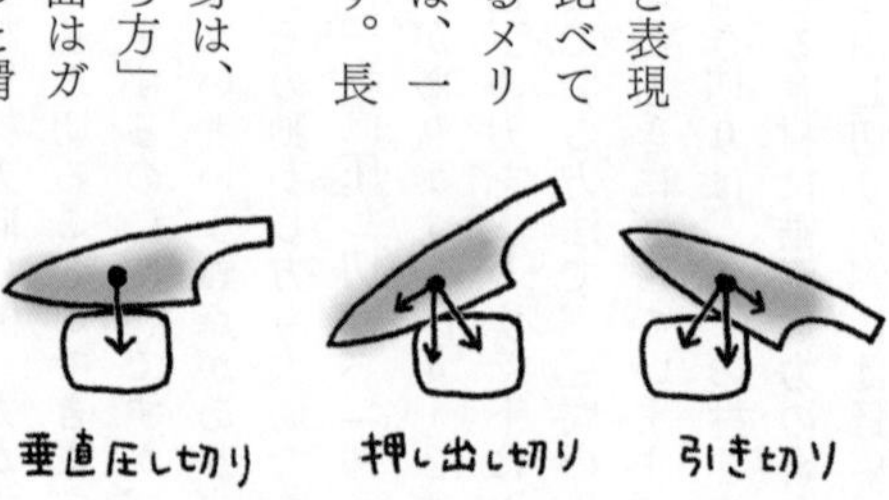

図4-2　包丁の動かし方

もとの形状を維持しています。それに対し、切れ味の悪い包丁で切った刺し身の断面図では筋繊維が変形して筋線維間にすき間が生じます。筋繊維が損傷すると、刺し身の見た目や食感が悪くなるだけでなく、うま味を含むエキス成分が流出して味も損なわれてしまいます。

一見、調理らしいことはしていないように見える刺し身ですが、和包丁をつくる職人の腕、料理人の包丁を操る高い技量に裏打ちされた実に奥深い料理だといえます。

◉熱を与える、熱を奪う

加熱調理＝温度×時間

「食材そのままでは食べることができないが、加熱することによって食べられるもの」はたくさんあります。米、大豆、筋の多い肉などは、調理することでおいしく食べることができます。本来、それらの食材は生では食べられません。また、生で食べられるものであっても、加熱することでより風味が増してやわらかい食感になったり、食中毒の防止に役立ったり、体内での吸収率が高まったりします。

加熱によって食材に熱エネルギーを与えると、食品を構成する分子の運動が盛んになって温度が上がります。温度が上がると食品分子が反応を起こす割合が増加し、温度が高いほどその反応の速度が大きくなります。その結果、食品中でさまざまな物理化学的反応が起こります。つまり、食品を加熱調理することは、「食品の温度を上げることで食品分子の各種反応を起こしやすくしている」と言い換えることができます。加熱調理する際は、温度と時間のコントロール、いわゆるTT管理（Time and Temperature control）がとても重要です。加熱料理の化学反応は、この温度と時間の二大変数によって決定されるからです。

加熱調理で大事なことは、オーブンやグリル内の温度だけではなく、「食材内の温度がコントロールされているか」を気にかけることでしょう。一九〇℃のオーブンで一〇分間肉を焼くとしても、その肉を常温に置いておいた肉か、冷蔵庫から出したばかりの肉かで、できあがりは大きく変わってきます。肉の表面温度と内部温度の「温度勾配」も考えて調理しなければ、目標とした焼き加減には到達できないでしょう。

石焼き芋がおいしいのは、伝熱のスピードのおかげ？

さらに食材への熱の伝え方によっても、最終的な料理のできは大きく変わってきます。伝導、対流、放射などの熱を伝える方法によって化学反応の起こる温度そのものが変わるわけではありませんが、熱が伝わる「速度」は変わってきます。

たとえば、蒸《ふ》かしたサツマイモより石焼き芋のほうがおいしく感じるのは、熱せられた石の放射によってゆっくりと食材に熱が伝わったほうが、サツマイモ内のデンプンを甘い糖に変える酵素がより長時間働き、その結果甘味が増すからです。また、豆乳を加熱する場合も、温度だけでなく、温度を上げるスピードによっても、豆乳タンパク質分子の塊の大きさが変わることが知られています。このタンパク質の会合体の大きさによって、輸送時の安定性や、豆腐にしたときの固まりやすさなどが変わってきます。

冷やすという調理

調理するといえば、焼いたり煮たりといった熱を加える操作が真っ先に思いつきますが、お湯で溶かしたゼラチンを冷やしたり、アイスクリームをつくる際に、熱を奪う操作もまた調理です。マイナス七九℃の「ドライアイス」やマイナス一九八℃の「液体窒素」といった冷却材を使った調理も、一部のレストランで盛んに行われるようになっています。

アメリカ・シカゴにあるレストラン《アリネア（Alinea)》のシェフ、グラン・アケッツ氏は、技術者と協同してキンキンに冷やした鉄板を開発し、食材を瞬間的に凍らせた斬新な料理をつくっています。さらに、アメリカのポリサイエンス社は、彼に触発され「アンチ鉄板 Anti-Griddle」という、冷却機能のついた調理道具を販売しています。

マイナス三五℃に冷却された「アンチ鉄板」上にチョコレートやホイップクリームを薄く載せると、その熱を急速に奪いながら調理できます。中身はトロトロでクリーミーなまま、外側だけをカリカリの状態に仕上げることができます。また、タイの屋台にも、お好み焼きを焼くようにしてつくるロールタイプのアイスクリームを売る店があります。今後、アイス以外のスイーツや料理などを目の前で冷やしてつくる「冷やし鉄板焼き」のお店が人気になるかもしれません。

◉新しい料理をデザインするための「添加」

世界を驚かせた人工イクラ技術

「オリーブオイル・キャビア」というものをご存でしょうか。オリーブオイルをカプセル化したもので、スペインのバルセロナ郊外にある「Caviaroli」という会社が製造・販売しています。食べてみると、食感がイクラのように〝プチッ〟と弾けます。風味はオリーブオイルそのままで、淡白なモッツァレラチーズやトマトとクラッカーの上で合わせると、見た目鮮やかなアペタイザーとして最高です。

オリーブオイル・キャビアのような食品のカプセル化技術は、《エル・ブリ》のフェラン・アドリア氏の料理によって一躍有名になりました。この魅惑的なオリーブオイル・キャビアは、アドリア氏が来日した際、日本にあった「人工イクラ（人造イクラ）」の製造技術に目をつけたことが発端とされています。アドリア氏は、オリーブオイルだけでなく、メロンジュース、ソース、カクテルなどの素材も人工イクラ化し、口の中で瞬間的に弾ける「カプセル」として世界中の食通を驚かせました。

元祖の人工イクラは、一九八〇年代に富山県魚津市の日本カーバイド工業が世界で初めてその生産に成功しています。アルギン酸ナトリウム水溶液を塩化カルシウム水溶液に滴下すると、表面がゲル化してゼリー状に固まることを利用してつくられます。カプセル化技術のさきがけである人工イクラづくりは、今では理科の実験としても広く行われており、専用のキットも売られています。

ゲル化剤の料理への使用

ヨーロッパやアメリカの前衛的なレストランでは、アルギン酸ナトリウムなどを使って、新しい食感を持つ料理が次々と開発されました。この増粘剤によるゲル化の役割は、液体の食材に粘りを増して形を保つことや、完全に固めることにあります。増粘剤を使って、液体の周りをゼラチン質で覆う「球化（spherification）」と呼ばれるテクニックがアドリア氏らによって料理に取り入れられました。

また、アルギン酸ナトリウムのほかに、メチルセルロース、カラギーナン、レシチン、グアーガム、キサンタンガムなどの、増粘剤、乳化剤、安定剤の添加物を使って、液体のゲル化や乳化、食感の変化など、新しい食がつくり出されています。

増粘剤の種類によってできるゲルにはそれぞれ特徴があります。たとえば寒天は、昔ながらの和菓子に使われている強力なゲル化剤ですが、寒天の種類によっては「離漿現象」と呼ばれるゲルから液体が分離することがあります。一方、カラギーナンは離液現象を起こしませんが、酸性の素材には使えません。レモン（pH 2）を使ったカラギーナンのゲルはつくれないので、ほかの増粘剤を使うか、レモンのpHを上げる必要があります。

また、メチルセルロースは少し変わった性質を持った添加物です。通常、ゲル化した食品は高温になると粘度を失ってやわらかくなり、低温になるほどかたくなりますが、メチルセルロースはその反対に、加熱されると固体になり、低温で液体になるという特殊な性質を持っています。その性質を利用した「ホットアイスクリーム」という人気の利用法があります。実際には〝アイス〟クリームではなく、メチルセルロースが固化した熱いクリームで、室温に冷えると溶けるというものです。

新料理は食感をデザインすることにあり!?

従来、食品産業では、増粘剤を使って液体のゲル化やソースの乳化を行い、食感を変化させ、安定した製品を生産してきた歴史があります。品質を安定化させ、再現性のある食を提供するために、増粘剤、乳化剤、安定剤のような食品添加物が用いられてきました。食品加工の業界で行われてきたことが、レストランや調理場にも導入されています。

世の中にない新しい料理をつくり出そうとするとき、世界中の食材が比較的簡単に入手できるようになってきた昨今では、新しい味や変わった香りを持つ食材で勝負するのはなかなか難しくなってきました。日本の冬の風物詩である柚子ですら、フェラン・アドリア氏によってヨーロッパに広められ、現在では日本からフランスなどのヨーロッパにも輸出されているほどです。

そのため、風味ではなく「食感」に新境地を求め、食品添加物を料理に使うことは、その過剰使用に批判がある面もありますが、何か新しいものをつくろうとするうえでの、ひとつの論理的な帰結であるともいえます。おいしい料理をデザインするうえで、食感を添加物などでコントロールすることは今後も盛んに行われていくことでしょう。

コラム12　3Dフードプリンタ　その1～NASAが注目した理由とは～

最近、注目を集めている「3Dプリンタ」ですが、「食」の分野でもその利用が模索されています。現在でも食品業界では、可食インクを使ったインクジェットプリンタがケーキやクッキーの表面に2Dのイラストや似顔絵を描くのに使われていますが、立体の食品をつくることができる「3Dフードプリンタ」に世間の関心がシフトしてきました。

これまで、チョコレートや砂糖などの素材を用い、「3Dフードプリンタ」でユニークな形状のお菓子をつくる試みが行われています。とくにチョコレートについては、「チョコレート3Dプリンタ」がすでに発売されています。しかし、これらの3Dフードプリンタによる食品の製造工程の画像や映像を見る限り、私は食品分野への3Dプリンタの普及に懐疑的な気分になりました。3Dフードプリンタでつくられた「試作品」が、街のケーキ屋のショーケースに並んでいる手づくりの「作品」と比べると、あまりに貧弱だったからです。工業製品のプロトタイプなどをつくるために3Dプリンタを使うことは、データから素早く低コストでつくれるなどのメリットがあるものの、「食」への3Dプリンタの実用化に何らかの利点を見いだすことは難しいと感じました。『食』を〝出力〟するのに、人間の職人技には到底かなわないだろう。3Dフードプリンタは、食の分野では普及しないのではないか」と。しかし、近年3Dフードプリンタに関するニュースに触れ、その見方が次第に変わってきました。

二〇一三年五月、NASA（米航空宇宙局）が、3Dフードプリンタを開発する企業に一二万五〇〇〇ドルの助成金を提供したことが話題となりました。この企業がＮＡＳＡに提出した企画案によると、このプリンタは３Ｄプリント技術とインクジェット技術を使い、インクジェットカートリッジに乾燥したタンパク質や脂肪などの主要栄養素や香料などをセットして、ピザなど、さまざまな形や食感の食べ物を出力するとのことでした。

しかし、なぜＮＡＳＡが３Ｄフードプリンタの開発に出資したのでしょうか。それは、火星などに長期滞在する宇宙飛行士向けに、３Ｄプリンタで「食」を〝プリントアウト〟するためのようです。

食事は、単なる栄養摂取だけではなく、味わうことで精神的な満足が得られるという側面もあります。この食の嗜好的な機能に、テクスチャーは重要な働きをしています（第2章参照）。食品の中のテクスチャーを生み出すには、食を立体的につくる必要があり、その開発に３Ｄフードプリンタは大きく貢献できるポテンシャルを持っています。

また、３Ｄプリンタは、精巧なものを容易につくることができますが、「誰でもどこでもつくることができる」というメリットもあります。ＮＡＳＡは、この特徴に注目したといえるでしょう。つまり、宇宙空間と

いう限られた場所で、宇宙飛行士という限られた人が、限られた食材をもとに食事をつくることができる「調理機器」が、ひょっとしたらこの「3Dフードプリンタ」であるという可能性です。

このような用途は宇宙に限らず、将来、災害時に3Dフードプリンタを持ち込んで、被災者用の食事をつくるという利用法も考えられます。「現場でもっとも必要なものを、もっとも適切なタイミングで供給する」という3Dプリンタのひとつの特性が、食の分野でも社会を大きく変える可能性があるように感じられます。

第5章
「おいしすぎる料理」の科学

一　「おいしすぎるステーキ」の分子調理

◉おいしいステーキを求めると最終的に自分でウシを育てることになる

分子調理＝分子調理学×分子調理法

「分子調理」の二つの方向は、これまでの伝統的なおいしい料理にひそむ科学を明らかにすることと、新しい技術を用いてさらにおいしい料理を開発することであると第1章で定義しました。前者がサイエンスである「分子調理〝学〟」、後者がテクノロジーである「分子調理〝法〟」です。

この章では分子調理の各論として、多くの人が好きであろう三つの料理、「ステーキ」、「おにぎり」、「オムレツ」の分子調理学を考えてみたいと思います。さらに、分子調理法によって現実の料理を超えた「超ステーキ」、「超おにぎり」、「超オムレツ」を開発することも考えます。

「超料理」は、現在もしくはこれからの登場が期待される「ニューテクノロジー」をもとにした私の完全なる空想クッキングです。「そんなの絶対無理でしょ！」というものばかりですが、科学者はある意味、夢を見なければいけない職業。「五〇年後、一〇〇年後の未来にはあるかもね」という感覚で気楽に楽しんでもらえたらと思います。

ステーキに対する「高揚感」は万国共通？

海外に行ったとき、食べたいもののファーストチョイスは、その土地の名物料理ですが、とくにコレといったものがないとき、「ステーキハウス」に行くことが多くありました。ステーキ専門店でステーキを食べるときのハレの日の食事感は、万国共通だと感じました。肉食文化が強い国でも、ステーキはごちそうの代名詞でしょう。

熟考してオーダーしたステーキが運ばれ、ドーパミンが一気に湧き出る高揚感。一口大にカットし、ほおばり、噛みしめるとき、β-エンドルフィンが溢れ出す幸福感。そんなときの人の表情から心理を読み取ることは、とても簡単です。

私の育った家庭では、母親の「牛肉はマズい」という超主観的な理由と経済的な理由で、食卓に牛肉の料理が登場することがありませんでした。私が「どうしても牛肉が食べたい！」と頼み伏せ、豚肉ではない「牛肉のすき焼き」を初めて食べたのが、小学校高学年の頃。溶き卵にからめて食べた初めての牛肉は、腰が抜けるほどうまかったのでした。それから牛肉は私の中で、よりごちそう感の強い食材となりました。とくに牛肉をかたまりでシンプルに食べるステーキは、小さい頃の経験もあいまって得体の知れない魅力を感じる料理です。

ウシのエサにステーキのおいしさが秘められている

カナダの新聞『グローブ・アンド・メール』にコラムを寄稿しているマーク・シャッカー氏は、著書『ステーキ！ 世界一の牛肉を探す旅』の中で、アメリカのテキサスを皮切りに、フランス、アルゼンチン、日本などを訪れ、計七カ国で合計四五キログラムものステーキを平らげた結果、最終的に自分でウシを育てるに至った圧巻の体験記を書いています。

究極のおいしい料理をつくり出すためには、その食材をとことん知り尽くすことが重要です。「究極においしいステーキ」を食べたいのであれば、まず「究極のおいしい牛肉」を探し出さなければなりません。一口に牛肉といっても、ウシの品種、肥育期間、栄養状態、部位、気候風土などで味わいにかなりの違いが出ます。とくにウシが食べる「エサ」は、牛肉に含まれる「脂質」を変動させます。

脂肪の少ない「赤身肉」が最近注目されていますが、脂質はステーキのおいしさの本丸であり、脂質の構成分子がステーキのおいしさの重要な役割を担っています。そのため、「そのウシが何を食べて育ったのか」を知ることは、おいしい牛肉を調達するうえで押さえておかなければならない必須事項でしょう。

霜降り牛のおいしさのもとである「脂質」の役割

牛肉の脂質は、生物学的に見ると、脂肪滴を内部にためて肥大した脂肪細胞が集合した脂肪組織とそれを支える結合組織から成り立っています。骨格筋を構成する筋線維束の間に蓄積する筋肉内脂肪は「脂肪交雑」と呼ばれ、牛肉では脂肪交雑の程度、すなわち「霜降り」具合が品質を決定する大きな要素となっています。

第3章で見たように、脂質のメイン分子である「トリアシルグリセロール」は、一分子のグリセロールに三分子の脂肪酸が結合したものですが、パルミチン酸などの「飽和脂肪酸」が比較的多い肉の脂肪の融点は高く、オレイン酸やリノール酸などの「不飽和脂肪酸」を多く含む肉の融点は低いことが知られています。融点が低いということは、食べたときに舌の上でとろけやすいことを意味します。オリーブやアーモンドなどの種実類に多く含まれている不飽和脂肪酸を多く含むものをたくさん食べた家畜の肉には、ナッツの脂質成分が移行して、よりさらっとした肉になることが知られています。ドングリを食べる「イベリコ豚」が最高級だといわれる理由のひとつは、ドングリ中のオレイン酸が肉に移行していることが挙げられます。

さらに、トリアシルグリセロールは、食肉にもともと含まれている脂肪分解酵素の「リパーゼ」が加熱によって活性化されることにより分解され、構成分子であるグリセロールを生じます。この分子がものすごく「甘い」のです。脂肪含量の多い、和牛のステーキを食べると甘いのは、この脂質分子から分解されて生じたグリセロールの甘さによるものです。

脂質はまた、肉の「香り」にも深く関わっています。よく熟成された生の牛肉にはミルク臭に似たラクトン様の甘い香りがします。この香りは脂質をある程度含む赤肉を、酸素がある条件下で熟成すると生成します。赤肉中で増殖する通性嫌気性低温細菌（酸素の有無にかかわらず生育できる低温好きな細菌）が、パルミトレイン酸とオレイン酸に作用して生まれると考えられています。また、霜降り肉をすき焼きやしゃぶしゃぶにしたときにも、独特の脂っぽい甘い香りがします。この香りは、脂肪交雑のよい和牛肉を酸素のある状態で熟成し、一〇〇℃以上で加熱するとよく生成する香りです。熟成中に生じた香りの前駆物質が加熱処理時に酸化反応を介して香気成分に変換するものと考えられています。

つまり脂質分子本体のトリアシルグリセロールは、ステーキのテクスチャー、味そして香りに多面的な影響を及ぼしているということになります。

◉肉の分子調理学〜アンチ「アンチエイジング」の世界〜

医療の「エイジング」と食品の「エイジング」

おいしいステーキを食べるにはまずよい牛肉を調達することがその前提にありますが、

さらに、最適な「熟成」という静かなる調理プロセスが食肉の世界には不可欠です。

そもそも熟成の英語訳である「エイジング（aging）」という言葉は、年を重ねるという意味ですが、エイジングには「加齢・老化」という和訳もあり、最近では美容関係で抗加齢・抗老化という意味の「アンチエイジング」という単語を盛んに耳にするようになりました。医療分野のエイジングは、克服すべきネガティブ色の強い言葉ですが、食品学の分野のエイジングは、食品の品質を向上させるポジティブな意味合いの言葉です。

日本料理は、ほかの国の料理と比べ、野菜や魚などの食材を採取してからの時間経過の短さ、すなわち新鮮さや採れたてを強調する料理が多いですが、食肉は、採れたてはむしろご法度で、いわばアンチ「アンチエイジング」の世界です。

筋肉が食肉になるとき

「食肉」はもともと、収縮と弛緩を繰り返すことで体を動かしている家畜の「筋肉」です。家畜の筋肉を食用にするには、家畜をと殺しなければなりません。しかし、と殺すればすぐに「筋肉＝食肉」になるのではなく、「死後硬直」によって筋肉がかたくなるため、熟成を経てやわらかさを獲得することが必要です。

死後硬直は、まず家畜の呼吸停止によって、筋肉中の酸素を必要とする生化学反応が行われず、酸素のない状態でエネルギー源が分解する「嫌気的解糖反応」が進行してグリコーゲンから「乳酸」がたまることから始まります。この乳酸の蓄積のために、筋肉のpHは極限の5・5付近まで低下し、筋肉収縮のエネルギー源であるATPも完全に消失します。その結果、筋肉収縮に関わる筋原線維タンパク質であるミオシンとアクチンが結合して「アクトミオシン」を形成し、筋肉が収縮したままの死後硬直の状態になります。この状態になると肉はかたくなるだけでなく、保水性や結着性も低下します。

死後硬直から一定時間経過し、酸性pHで働く筋肉中のタンパク質分解酵素によって各種タンパク質が分解する反応が進行し、硬直が解ける「解硬《かいこう》」という現象が起こります。これによって、肉が軟化していきます。これが熟成のメカニズムです。

熟成の効用

熟成の第一の目的は、死後硬直によってかたくなった肉をやわらかくすることですが、さらに死後硬直時に失われた保水性の一部回復、味や香りの向上という付加価値もその過程で付与されます。食肉のおいしさは、熟成の過程で獲得されたテクスチャーとこの風味によってもたらされます。

肉のうま味成分であるアミノ酸やイノシン酸などは熟成中に増加します。アミノ酸は筋肉のタンパク質がさまざまなタンパク質分解酵素の作用によって分解されて生成します。核酸系のうま味成分であるイノシン酸は、ATPからさまざまな酵素の作用によって、ADP、AMP、IMPそしてイノシン酸へと変換されます。

肉の望ましいテクスチャーは、噛んだときに感じられる「適度なやわらかさ」、「滑らかな舌ざわり」、豊かな「多汁性」の三点に収束されます。肉のやわらかさは、肉を構成する筋原線維と、結合組織、脂肪組織の状態で決定されます。肉の滑らかさは、脂肪の融点と関係があります。肉の多汁性は、筋原線維の構造で変化します。

保水性の高い肉は、水が保持されているため、みずみずしくておいしく感じます。さらに、この水にはうま味成分が含まれているので、多汁性に富んだ肉はよりおいしく感じます。この肉の保水性を左右する因子は、「pH」と「線維のキメと締まり」です。保水性は食肉タンパク質のプラスの電荷とマイナスの電荷がちょうどゼロになる「等電点」に近いpH5付近がもっとも低く、この状態の肉は噛んだときに肉汁が一度に出てしまいます。その結果、うま味のないスカスカの線維だけが残ります。

逆に保水性が高すぎると、噛んでも噛んでも肉汁が出ず、うま味が感じられません。通常の肉はpHが6付近なので、噛むとほどよく肉汁が出てきます。また、肉の線維がきめ細かくてしっかりと詰まっていると、毛細管現象によって水がきちんと保持されます。

ドライエイジングとウェットエイジング

牛肉の場合、日本では一般的に、枝肉から切り落とした部分肉を真空パックにして、一〜三℃の熟成庫で七〜一〇日間程度保存する「ウェットエイジング」という熟成方法が行われています。ウェットエイジングに対して、牛肉を枝肉のまま、パックすることなく乾燥した熟成庫に一定時間貯蔵する「ドライエイジング」という保存方法もあります。

アメリカの高級レストンで広まったこのドライエイジングは、日本の精肉店でも挑戦する人が増え始め、ドライエイジングビーフを売りにしたレストランも見かけるようになりました。

ドライエイジング中、肉からタンパク質と結合していない自由水が流出し、その水を利用するカビが生え、やがて外側一面が真っ白になります。ドライエイジングの熟成期間は、二〇〜六〇日間と、ウェットエイジングの数倍の期間をかけて行います。ドライエイジングさせると、乾燥と表面の切り落としによって、肉の重さは二〇〜四〇％も減ってしまいますが、ドライエイジングにしか出せないナッツにも似た熟成香やうま味、そしてやわらかさが生まれます。

◉分子調理法による「超ステーキ」の可能性

ステーキ肉の選び方

龍谷大学教授・京都大学名誉教授の伏木亨先生は、著書『コクと旨味の秘密』の中で、食べものの深い味わいである「コク」の中心には、「脂質」、「うま味」そして「甘味」があると書かれています。ステーキにはこの三つがすべて含まれています。脂質は皮下脂肪や筋肉の間、もしくはサシの中に、うま味の成分は肉汁に、甘味は、加熱によって脂質から生まれます。

ステーキ用の肉を選ぶとき、脂溶性のおいしさと水溶性のおいしさのバランスは、肉の部位によってそれぞれ異なります。たとえば「リブロース」は、歯ごたえのある部分とサシが多く入った濃厚な部分が共存する複雑な味わいとなり、赤身中心の「モモ肉」は、タンパク質が分解してできたアミノ酸のうま味を存分に味わえる部位です。また、リブロースの隣にある「サーロイン」は、「ナイト」の称号である〝サー〟をいただく高貴な肉で、皮下脂肪とサシと赤身をバランスよく味わえる部位です。それぞれの部位にはそれぞれの焼き方、堪能の仕方があります。

ステーキを焼くには「霊感」が必要？

ステーキの調理は、基本的に肉に塩をまぶして焼くだけです。究極にシンプルな調理法ですが、これが実に難しい作業です。肉料理の多いフランス料理界では、「焼き肉師」が大切にされ、「焼くことはきわめてデリケートな仕事であり、霊感にも近い勘を必要とする」ともいわれています。

肉は加熱することによって物理的・化学的な影響を受け、その結果、肉のテクスチャーや風味が変化します。筋原線維タンパク質の主たる構成成分であるミオシンは五五℃、アクチンは七〇～八〇℃で凝固するといわれており、筋全体としては、六五℃付近から収縮を始めます。そのため、七〇℃以上で加熱すると、これらの筋原線維タンパク質の網目状構造に保持されていた水が筋肉の収縮によって押し出され、保水性が低下し、肉の重さは二〇～四〇％減少します。その反対に、結合組織は、加熱前はかたくて噛み切れませんが、六〇℃以上で長く加熱すると、結合組織のコラーゲン線維の三本鎖らせん構造がほぐれてやわらかいゼラチンへと変化します。

つまり、ステーキを焼く過程には「加熱しすぎると肉の繊維がかたくなりすぎ、加熱不足であってもコラーゲンが分解せずにかたい」という〝温度のジレンマ〟があります。この肉をやわらかくするための加熱温度の調整の難しさが、霊感が必要といわれるおもな要因となっています。筋原繊維がかたくならず、コラーゲンが分解しやすい六〇～七

○℃付近で、長めに加熱する条件が、肉のやわらかさを引き出す最適解であるといえます。

香ばしい香り、そそる焼き色

ステーキは、その食感も大事ですが、焼いたときに立ち上がる香ばしい香りもまた命です。

生肉はその動物独自の臭気と血液のにおいが入り混じっていますが、加熱すると独特の香気へと変わります。肉を加熱したときに生じる香りは、アミノ酸、ペプチド、各種糖類、脂質、硫黄化合物などが相互に反応し合って生じるといわれています。牛肉と豚肉の加熱香気の違いは脂質や脂質に溶けている物質の差と考えられていますが、加熱条件によってその生成機構が異なるため、詳細は今もわかっていません。

肉を一四○℃以上まで加熱すると、メイラード反応（第3章参照）が進み、揮発性の香り分子が生まれてきます。この肉らしい香りは、高温で調理したときしか生まれないものですが、高温で調理するとかたくなるというテクスチャーとの〝せめぎ合い〟がまた問題となります。また、メイラード反応で起こる肉表面の焼き色は、視覚的なステーキのおいしさとしても重要な役割を果たしています。

真空調理法とレーザークッキング

真空包装したフィルム内で食材を「煮る」、「蒸す」といった「真空調理」は肉類に非常に適しており、ぱさつかず、火の通りと味が均一となります。その結果、とてもやわらかく仕上げることができます。真空調理で「焼く」ことはできませんが、フィルムで包装する前段階で、焼き色を付けたり、真空調理後に焼くことによって、失敗の少ないおいしい料理をつくることができます。「焼き」だけで肉の焼き目、香り、かたさなどを調節するのは至難の業ですので、真空調理とほかの焼きの操作を組み合わせる手法がレストランなどで幅広く用いられています。

また、明治大学の福地健太郎先生らのグループは、レーザーを使った新しい加熱料理法を提案しています。「レーザーカッター」と呼ばれる機械とカメラを併設することによって、食材表面の狙ったところだけを焼く〝局所的加熱〟を可能としています。レーザー加熱によって、ベーコンの脂身の部分だけを加熱して赤身の部分は非加熱としたり、チーズの上に文字の焼き目を付けたり、エビ煎餅の上に二次元バーコードの焼き目を描く例などが報告されています。今後、ステーキの表面をこの「レーザー調理法」によって自動で焼き上げるようになる可能性も考えられます。

コラム13 「試験管培養肉ハンバーガー」の登場は、食肉新時代の幕開けか？

二〇一三年、「ウシの細胞を試験管内で培養してつくられた〝試験管培養牛肉〟を使ったビーフバーガーが調理、試食される」というニュースが報道されました。オランダのマーストリヒト大学の生理学者マルク・ポスト教授らが、ウシの幹細胞を培養し、三カ月かけてつくった二万本もの筋肉細胞に、パン粉と粉末卵を加え一四〇グラムの牛肉パティをつくったというものです。

培養肉そのものは白いので、牛肉らしい色を出すために赤カブの汁とサフランを加え、ひまわり油とバターで焼いて提供されました。調理を担当したシェフは「通常よりわずかに色は薄いようだ」と話しています。実際に試食した二人の料理評論家は「もっとやわらかいと思っていた。本物の肉に近いが、肉汁が少ない」、「脂が足りないが、普通のハンバーガーに似ていて食感はなかなか」と食べた感想を述べています。

このハンバーガーの製作にかかった費用は、なんと三〇〇〇万円。グーグルの共同創業者が巨額の研究費を出資していますが、ポスト教授は「製造コストが下がれば、今後一〇～二〇年でスーパーに並ぶ可能性もある」と語っています。わざわざ牛肉を培養する背景にあるものは、いったい何でしょうか。

現在、人類が栽培している農作物の七〇%は食用家畜の飼料として使われており、将来の人口増加により食肉の重大な不足に直面すると予想されています。そのため、培養された牛肉は、食肉生産を持続可能にする「代替案」としての重要なカードと考えられているようです。また家畜は、温室効果ガスである二酸化炭素の世界排出量の五%、メタン排出量の三〇%以上に関わっています。培養した肉を使ってハンバーガーを製造することは、二酸化炭素の排出量を減らすことに役立つとも考えられています。さらに、動物を殺す必要がないため、一部のベジタリアンにも提供を望めるほか、いくつかの動物愛護団体からも賛同が得られています。

食糧問題、地球温暖化問題、さらには動物福祉の観点からも実用化が期待される「培養肉」ですが、一部では「人工肉」、「人造肉」とも呼ばれ、今回の培養ビーフハンバーガーを「フランケンバーガー」と呼ぶウェブサイトがありました。人がつくった肉に対する、ある種の気味悪さ、不気味さからの拒絶反応が人々の心の中にひそんでいることがわかります。

似たような例として、以前、当時の最新技術であった「体外受精」で生まれた赤ちゃんが、試験管ベビーとかフランケンベビーと呼ばれていた時代があります。一九七八年に世界で体外受精を成功させたイギリスのロバート・G・エドワーズ博士は、二〇一〇年にこの「体外受精技術の開発」でノーベル賞を受賞しました。日本でも体外受精で産まれた赤ちゃんは、現在四〇人に一人にものぼるといわれており、現代の不妊治療になくてはならない技術となっています。

現在、社会に広く受け入れられている体外受精のような技術であっても、世の中に最初に登場した際は、少なからず拒否反応が現れたのですから、培養肉ももし実用化されるようになれば、最初は多かれ少なかれバッシングを受けるでしょう。しかし、開発が進み、店頭でよく見かけるようになれば、次第に心の障壁はなくなっていくのかもしれません。培養肉は、製造技術やコスト的な問題が解決され、さらに味も改良されれば大いに発展する可能性があります。

培養肉を食べた感想に脂肪分が足りないというコメントがありましたが、肉の脂肪細胞を培養し、筋肉細胞と合わせることによって赤身や霜降りの肉などを自在につくることができるようになれば、従来の「生体の（*in vivo*）牛肉」よりもおいしい「試験管の（*in vitro*）牛肉」のステーキが食べられるようになるかもしれません。環境にやさしく、風味や食感、さらに栄養に優れていて、安全面でも問題がなければ、「新たな食肉時代の到来」を期待させるものです。

ウシやブタの食肉だけでなく、絶滅が危惧されているウナギやマグロなどの魚肉も、養殖を超えた「試験管培養ウナギの蒲焼き」や「試験管培養マグロのにぎり」が市場に登場する可能性があります。将来、鰻屋で「天然にしますか、養殖にしますか、それとも〝培養モノ〟にしますか」と聞かれるかもしれません。「食材を細胞培養でつくる」という、「食の生産」という概念が大きく変わる時代が迫っている気がします。私たちの知らないところで、私たちの想像を超える食品が長い年月をかけて開発されています。これからどのような新しい食材、新しい技術によってつくられた料理を目にするのでしょうか。私たちはテーブルに出されたものに驚かないよう、心の準備をしておく必要があるのかもしれません。

二 「おいしすぎるおにぎり」の分子調理

◉おいしいごはんは確かに存在する

おにぎりのイメージ

宮崎駿監督の映画『千と千尋の神隠し』の中で、主人公の千尋がハクという少年から「おにぎり」を受け取り、そのおにぎりをぽろぽろと涙を流しながら食べるシーンがあります。このシーンで登場する食べものが、もし「寿司」や「せんべい」であったら、その印象はまったく異なるでしょう。人の手でやさしく握ったおにぎりだからこそ感情移入でき、登場人物への共感が自然と湧いてきます。

日本人の食生活の中でのおにぎりのように、身近にある存在で、なおかつ思い入れの強い食べものは少ないと思います。おにぎりは、多くの日本人の心の琴線に触れるソウルフードなのでしょう。

そのおにぎりへのこだわりも人によってそれぞれあり、ごはんがかため・やわらかめ、海苔を巻いておく派・直前に巻く派、具材は鮭・梅干しなど各自の好みがあります。ごはんは古来より日本人の主食であったため、人は小さい頃からの習慣によって、好みのごはんの味を学習していきます。さらに、白い米飯だけではなく、炊き込みごはん、寿司、チャーハンなどの料理によって、おいしいごはんのイメージは変わるので、おいしいごはんの定義は難しいものがあります。しかし、日本人の大多数がおいしいというごはん、おいしくないというごはんは確かに存在します。

ごはんのおいしさはテクスチャー

ごはんの粘りやかたさは、植物体である米粒の組織やその内容物を支えている分子の物理的な性質に依存します。ごはんの味や香りは、加熱調理過程の影響を受けます。

私たちは、ごはんのどこにおいしさを感じているのでしょうか。これまでの米の食味

試験結果から、粘りやかたさなどの物理的な特性がおいしさの七割を占め、残りの三割が光沢などの外観、におい、甘味やうま味などであることが報告されています。主食は、ごはんにしろパンにしろ、飽きがこないという点がとても重要です。そのため主食は、おかずほど強い味や香りを持っているわけではありません。ごはんも噛みしめるとほんのりとした甘味やうま味を感じますが、ベースは淡白な味であり、ごはんのおいしさに、粘りや弾力などのテクスチャーの果たす役割が大きいことは当然だといえます。

ごはんのおいしさである粘りを考えるうえで、米粒内の構造を理解しておくことが大切です。玄米を精米して、外側のぬか層と胚芽を取り除くと、私たちがよく食べている胚乳部、つまり精白米となります。胚乳部には、胚乳細胞がたくさんのデンプン粒を抱え込んでおり、さらに胚乳細胞の一番外側には薄い細胞壁があります。一般的にかたくて粘りの少ないごはんでは、胚乳細胞の細胞壁の崩壊が少なく、やわらかくて粘るものでは、細胞壁の崩壊程度が大きいといわれています。

ごはんの粘り自体は、デンプンによるものです。そのデンプンには、「アミロース」と「アミロペクチン」の二種類のデンプンがあます。アミロースはブドウ糖が直線状にじゆず様《よう》に連なった分子構造をしており、アミロペクチンは、直線構造に加えさらに枝分かれした構造を持っています。

日本での主食である「うるち米」に含まれているデンプンの平均は、アミロースが一六〜二〇%、アミロペクチンが八〇〜八四%で、直線状のアミロースが少なく、枝分かれ状のアミロペクチンが多いほど粘りがあるごはんになります。日本人にもっとも好まれている米のアミロース含量は一七%前後で、ブランド米であるコシヒカリに含まれるアミロースもだいたい一五〜一七%となっています。

一方で、「もち米」のデンプンは、アミロペクチンのみからできているため、粘りが強すぎて常食にはあまり適しません。また反対に東南アジアなどで食べられているインディカ米などには、アミロースが三〇〜三五%も含まれているため、粘りの弱いサラサラしたごはんになります。

また、タンパク質もごはんのおいしさの重要なファクターです。一般的にタンパク質含量が低いほどごはんはやわらかくなり、高くなると食味が落ちるとされています。タンパク質は、米の成分の中でも品種や環境条件で変動しやすく、追肥などで稲に肥料を与えると、米の表面にとくに蓄積することがわかっています。表面にたまったタンパク質には水に溶けないタンパク質が多く含まれ、この不溶性タンパク質が吸水力を低下させ、粘りを弱くし、白いつやも低下させます。

究極のおにぎりをつくるためには、米の組織構造と米中のアミロース、アミロペクチンの両デンプンとタンパク質の状態を分子レベルで理解することが、まず第一歩といえるでしょう。

◉ごはんの分子調理学～かまど炊きを超えた⁉最新炊飯器～

なぜかまど炊きが理想的なのか

ごはんを「炊く」という調理操作は、分子レベルでいえば「デンプンをアルファ化すること」とほぼ同意語です。

生の米中のアミロースはらせん構造を、アミロペクチンは〝タイトなトーナメント表〟のような結晶性の構造をしています。そのため、そのままでは水に溶けず、食べても消化不良を起こします。この米に水を加え、九八℃以上で二〇分以上加熱することによって、デンプンに水が入り込んで構造がほぐれて膨張し、デンプンを分解するアミラーゼなどの酵素が作用しやすくなります。その結果、デンプンの消化性は向上します。これが、「アルファ化」または「糊化《こか》」と呼ばれる現象です。

昔から「かまどで炊いたごはんはおいしい」といわれますが、日本の各家電メーカーは、この「かまど炊き」の再現をめざし、かまど炊きに近づける製品を開発してきました。理想とするかまど炊きには、確かに優れている利点がいろいろあります。

まず、かまどで使う「羽釜」の形状は、丸みを帯びた椀状の構造であり、熱がうまく対流します。さらに、厚さ二～三ミリはある羽釜に蓄えられる熱容量が多いため、熱が途切れることなく、しかも一気に炊き上げることができます。連続して熱を供給することで釜内部への熱も均一に広がり、米全体に熱を加えます。また、ごはんが沸騰状態になると、うま味成分を含んだ蒸気（おねば）が噴出しますが、このとき、湧き上がる蒸気を重いフタで押し付けるとごはんは加圧されて、よりふっくらとした旨みを持つごはんが炊き上がります。さらに、かまどの薪による炎は、釜の底から側面まで回り、大泡が発生して湯が循環し、米の一粒一粒まで火を入れることができます。

ちなみに、湯が沸騰し始めると、泡が米の間を勢いよく通る道が必要となってきます。このとき、横になっていた米が少し縦になる「米が立つ」という現象が起こります。また、大泡の逃げ道が米と米のすき間に「かに穴」をつくります。つまり、米が立つとおいしいとか、かに穴ができるとおいしいというのは、それだけ強い火力で米を炊いたということの証明になります。

炊飯器の進化の歴史

炊飯器の「かまど化」へのブレイクスルーとなったおもな技術には、「ＩＨ化」、「釜の形状と材質」、「圧力調節」があります。

まず、炊飯器の進化に大きな影響を与えたのは、ＩＨの登場でした。炊飯器は当初、アルミ製の熱板の中にヒーターを入れ、その上に釜を置く構造でした。そのため、加熱温度を効率的に上げることができませんでした。一九八八年、松下電器産業株式会社が発売したＩＨ炊飯器は、放熱が少ないため消費電力を小さくでき、さらに釜のみを加熱することで熱エネルギーを水と米に効率的に伝えることができるようになりました。現在のパナソニック株式会社は、釜の底面と側面だけでなく上のフタにもＩＨを搭載し、全面加熱ができる炊飯器も登場させています。

さらに一九九四年には、株式会社東芝が溶けたアルミニウム合金を金型に入れて高い圧力をかけることで、釜の厚さが三～五ミリの椀状の構造を実現しました。曲線のラインを持つ椀形の釜は、それまでの筒状の釜と比較して、含水率のばらつきを抑えることができます。また、釜の素材として、三菱電機株式会社は伝熱効率のいいカーボン材料を使い、象印マホービン株式会社は南部鉄器を使った釜の炊飯器をそれぞれ発売しています。

また、一九九二年に三洋電機株式会社は、圧力ＩＨ釜炊飯器を発売しました。圧力をかけると炊き上がりの温度は、一〇〇℃以上に上昇します。各メーカーはこれに続いて、一・五気圧（一一二℃）の商品も発売しています。この加圧効果は、火力を増すのと同じ効果があります。しかし、玄米を早く炊くには有効ですが、白米の炊飯では圧力を増して温度を上げるとやわらかくなりすぎて食味が落ちる場合もあります。そのため、圧力釜で白米を炊くときは高い圧力をかける時間を一瞬に抑える工夫がなされています。

さらに二〇〇六年には、東芝が米の内部の空気を抜く真空ポンプ内蔵の炊飯器を発売しました。内釜の中を〇・六気圧に減圧すると約一五分間で米内部の空気が抜けて、水分が浸透しやすくなります。米の中心まで水分が入るため、炊飯後も水分が抜けにくく、長くおいしさを保つことができます。また、保温時も減圧して中釜の中の酸素濃度を低下させ、米の酸化防止を可能にしています。気密性がいいので乾燥せず、黄ばみも防ぐことができます。保温しながら、約四〇時間おいしさを保つという技術です。

家電メーカー各社が、かまど炊きを理想として開発した炊飯器は、熱源、新素材の釜、さらにかまどにはない圧力調節機能を持ち、〝かまど越え〟のおいしさを実現しつつあります。この炊飯器の開発競争に終わりはあるのでしょうか。炊飯のプロセスにおいて、浸水、加熱、むらしの工程は今の炊飯器でほぼ安定したおいしさの再現が可能になりました。ほぼ完成に近づいているといえるでしょう。残された課題は、いかにぬかの吸収を防ぎながら洗うかという、「洗米」の自動化です。洗米に関しては、業務用炊飯器ではかなり研究・開発が進んでいます。最近では、家庭用炊飯器でも洗米機能が付いた機種も登場しています。おいしいごはんを食べたいという私たち日本人の欲求が尽きない限り、メーカーの炊飯器開発に終わりはないでしょう。

◉分子調理法による「超おにぎり」の可能性

米粒は粒ごとに成分が違う

新潟魚沼産のコシヒカリなどがブランド米として有名なのは、同じ品種の米であっても、産地が異なればその味に違いがあるという背景によります。この産地によって米の味に違いがあることを認識している方は多いですが、同じ土地で育った同じ稲穂の一粒一粒の成分が、粒ごとにかなり違うことを知っている方は決して多くはないでしょう。同じ穂から採取した一粒一粒のタンパク質含量を調べると、穂先ほどタンパク質含量が高く、根本になるほど低くなり、粒ごとに八〜一五%と大きな変動幅があることがわかっています。また、アミロース含量やミネラル成分の分布にも違いがあり、その結果、一粒一粒の粘弾性も違うことが報告されています。つまり、粒ごとに味や嚙みごたえが違うということです。

この粒ごとの成分の変動傾向は、稲穂が開花する順番と対応しています。生物が厳しい自然界で生き残るために、早く成熟するものと遅く成熟するものがあえて共存することで、全滅するリスクを分散する戦略をとっていると考えられています。そのため、私たちが食べているお茶碗の中のごはん粒は、味にかなり大きなばらつきを持った集団であり、私たちはそれらの平均でおいしさを判断しているといえます。

「不均一」のおいしさ

もし、そのばらばらな性質のご飯粒を均一な集団に分けることができ、さらにすべて均一に炊くことができたら、それらのごはんはどのような味がするのでしょうか。「均一化ごはん」は、おいしさが増す方向に進むのでしょうか、それとも反対に進むのでしょうか。

食感に違いがなくなることによって洗練され、エッジの効いたごはんになる可能性がある一方、のっぺりとした平坦でおもしろみのないごはんになるかもしれません。私たちがごはんを毎日食べても飽きないのは、ひょっとしたら、このごはん粒がばらばらの性質を持ったモザイク集団だということが重要である可能性があります。

私たちは毎日同じようなものを食べていれば、必ず飽きがやってきます。そのため、同じ肉や魚の食材であっても、焼いたり、煮たり、蒸したり、さまざまな調理を施し、風味や食感を変えています。アイスクリーム中のナッツやクッキーの存在や、ゼリーやヨーグルトに入れるフルーツの存在は、食べもの全体の中で食感の違いを生み出し、単調な食感が生む飽きを回避させる役割を担っています。

キャンプなどの飯ごう炊爨《さん》で鍋底にできるおこげも、ごはん全体の中におけるアクセントとしての役割がおいしさの要因でしょう。炊いたごはんが全部おこげだったら、それはそれで悲しいものです。毎回私たちがひと嚙みひと嚙みしている食感が均一ではないことが、ごはんの「抑揚のあるおいしさ」を生み出しているのかもしれません。

すき間を考えられたおにぎり

おにぎりのおいしさを表すキーワードとして、そのふっくら感、つまり米と米の間の「空気」の存在があるでしょう。やさしく握ることによって、口の中でほろっと崩れる感触が得られる一方、食べる前には崩れないかたさで維持されていることもまた大切です。つまり、「ごはん粒の間隙にもおいしさがひそんでいる」と考えておにぎりを握ることが重要です。

おにぎりと同じように、空気をたくさん含んだアイスクリームには、アイスクリーム原料の体積と同じくらい、もしくはそれ以上の空気が含まれており、その空気が口どけのよさに深く関わっています。また、パンの中の酵母が発酵によって生成した二酸化炭素による〝クレーター〟も間隙であり、メレンゲ菓子のマカロン中の微細な泡の跡も、おいしさに重要な役割を担っています。いわば、私たちは食べものの形ある部分とともに、その中にある空気も一緒に味わっているといえます。

究極のおにぎりは、ごはん一粒一粒の性質とそのすき間、すなわちごはん粒の上下左右の立体配置とその間を埋める空気のバランスを考え、その「理想」を何らかの方法によって構築したものなのかもしれません。その精密に〝にぎられた〟おにぎりも、大好きな人がつくってくれたおにぎりには当然完敗することは容易に想像できますが、それはまた別の話ということで。

コラム14　3Dフードプリンタ　その2～個別化された食を出力する～

私たちひとりひとりの顔が違うように、個人個人の間には少しの遺伝子の違いがあり、その違いは「遺伝子多型《たけい》」と呼ばれています。この遺伝子多型が、病気のかかりやすさ、アレルギー体質、薬に対する効きやすさなどに大きな影響を及ぼします。これは、薬だけでなく食べものも同様で、人によって食品成分の消化、吸収、代謝、利用などに個人差があることが知られています。たとえば、お酒が飲める飲めないという体質は、遺伝子のたった一個（一塩基）の違いによるものです。

個人の体格や好みに合わせて洋服をつくるように、個人の体質や遺伝子多型に応じた「テーラーメイド化（オーダーメイド化）」が、今後、医療や栄養指導の分野でますます重要になると考えられています。食事指導によってテーラーメイド化が可能な場合もありますが、食事内容が制限・限定される可能性もあるため、個人に合った食品である「テーラーメイド食品」があれば理想的です。この「テーラーメイド食品の開発」という分野で、3Dフードプリンタがブレイクスルーを引き起こす可能性が考えられます。テーラーメイド食品の開発の可能性について、具体的な例を挙げてみましょう。

代表的な肥満関連遺伝子のひとつとして、「β3アドレナリン受容体」という遺伝子多型が知られています。実に日本人の三人に一人が、この太りやすい変異型の遺伝子を持っています。そのため、このような肥満遺伝子を持つ方の食事には、3Dフードプリンタを用いて、脂肪を抑えた「太りにくい料理」を提供するということが考えられます。さらに、高血圧の方には「減塩の食事」を、食物アレルギーの方にはその原因となる「アレルゲンを除いた食事」をそれぞれ〝プリントアウト〟することも有効でしょう。また、遺伝子多型や体質とは別に、宗教や信念上、肉などが食べられない方には、代替の食材を使った食事をテーラーメイドでつくることも、世界的に見れば将来性のある利用法といえます。

今後、多くの遺伝子の違いによる病気のかかりやすさとそれらの病気を予防する食品成分の組み合わせなどに関する「ビッグデータ」が蓄積されることによって、各人の体質にもっとも合った「機能性テーラーメイド食品」が、3Dフードプリンタで開発されるという未来が予想されます。たとえば、見た目は普通の「ピザ」であっても、お父さんが食べるピザには心臓病のリスクを低減する「ω-3系脂肪酸強化ピザ」を、お母さんのピザには老化防止・美容効果のある「抗酸化物質強化ピザ」を、3Dフードプリンタによってそれぞれ提供できるようになるかもしれません。

また、乳幼児期、成長期、成人期、高齢期のような「ライフステージ」によっても摂取すべき栄養は異なります。とくに女性の場合は、妊娠・授乳期によっても変わります。いろいろな世代の方を迎えるファミリーレストランなどでは、見た目は同じような食事でも、3Dフードプリンタで各人がそれぞれ摂取すべき栄養成分などを変えた「オーダーメイド食・テーラーメイド食」を提供するようになるかもしれません。3Dフードプリンタは、形状や物性もコントロールできるため、乳幼児や歯が弱くなった年配の方には、やわらかい食感のおかずが出力されるようになるでしょう。

3Dフードプリンタに、個々人の年齢、性別、遺伝情報、病気の有無、運動の有無、その日の体調などの「個人データ」と、自分が食べたいもの（ラーメン、寿司など）と好み（風味や食感など）の「3Dフードデータ」を打ち込む

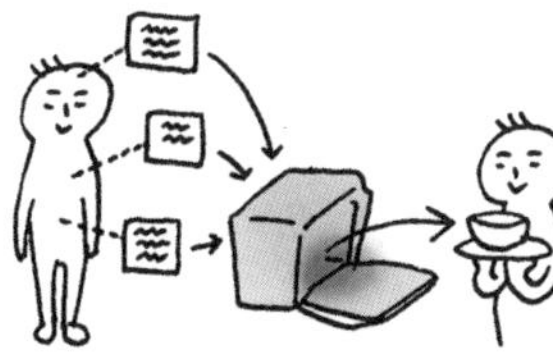

だけで、それらの栄養面や嗜好面が完ぺきに反映された「究極のテーラーメイド食品」が生み出される、そんな未来が脳裏に浮かんできました。

未来人も現代人と同様かそれ以上にせっかちでしょうから、カップラーメンを待つ時間以内で、3Dフードプリンタから食べものが提供されるようになれば理想的です。技術的にどこまで実用化される可能性があるのかわかりませんが、私が生きている間にその片鱗は見たいものです。

三　「おいしすぎるオムレツ」の分子調理

◉「料理は卵に始まり卵に終わる」

料理のイントロダクションとしての卵料理

ニワトリの卵は、「完全栄養食品」や「地上最大の栄養物」とよくいわれます。卵はもともとひよこが孵化するための「生命のカプセル」ですから、栄養分が詰まった驚異の食材であるのもうなずけます。栄養価が高いものを人がおいしく感じるのは、栄養学的に見れば当然であり、いろいろな料理にこの「卵」が使われるのもまた自明なのかもしれません。

「料理は、卵に始まり卵に終わる」という言葉があります。小さな子が、初めてつくる代表的な料理のひとつが、「目玉焼き」や「卵焼き」であるため、卵料理が「料理の世界」へのイントロダクションであったりします。その一方で、寿司屋の職人でも「卵焼き」をきれいにかつおいしく、安定的につくるのは決して容易ではありません。また、フレンチのシェフが「オムレツ」を美しく焼くのも修行が必要です。

シンプルな料理ほどごまかしが効かないため、その料理人の腕が試されます。その代表的な料理が「卵料理」なのでしょう。

卵の魅力とは

また、卵は肉や魚と比べると食卓のメイン料理にはなりにくいですが、いろいろな料理に幅広く使われる食材です。とくにお菓子をつくる際、卵を使わないと、できるものはかなり限定されます。なぜ、卵料理のバリエーションが多いのでしょうか。

その最大の理由として、卵の調理性がとても優れていることが挙げられます。熱で固まる、泡立つ、油と水をなじませるといった多機能の性質が、目玉焼き、卵焼き、スクランブルエッグ、ケーキ、マカロン、マシュマロなどのさまざまな卵料理を生み出す原動力になっています。さらにアングレーズクリームなどのソース類、ハム、かまぼこ、麺などの幅広い分野での結着剤としても、卵は活躍しています。

さらに、私が考える卵料理の多彩さの理由は、「卵自体がおいしすぎない」ことです。

おいしさの呈味成分であるグルタミン酸やイノシン酸は、ある一定以上の量が料理中に存在しないと、そのうま味を感じません。「うま味を感じる感じない」の境目の値は「閾値《いきち》」と呼ばれ、〝高跳びのバー〟のようなものです。卵の卵黄と卵白中の遊離グルタミン酸やイノシン酸を分析すると、卵黄のグルタミン酸は閾値を超えていますが、卵白は卵黄の一〇分の一以下と低く、イノシン酸は卵黄、卵白ともに閾値よりもかなり低い値であることがわかっています。つまり、単独でうま味成分が閾値を超えている肉や魚とは異なり、卵はうま味成分がまったく入っていないわけではないものの、卵単独ではおいしさのバーを越えるほどの跳躍力は持っていないということです。だからこそ、だし巻き卵にはだしを入れ、卵かけご飯には発酵によって生じたうま味を持つ醤油などを入れたくなるのでしょう。

　このように卵は、ほかの食材と組み合わせることによって、うま味がうまく補充され、さらにもともと卵が持っていた潜在的なおいしさも増強されて、味に奥行きが生まれます。卵がいろいろな料理に使われるのは、料理の中で飛び抜けて主張しすぎないため、いろいろな食材との相性がいいことが挙げられます。卵かけご飯のバリエーションが多いのもそのためでしょう。

◉卵の分子調理学〜卵がマルチプレイヤーなのはなぜか？〜

卵料理を担うタンパク質

卵は、まったく性質の異なる黄身と白身が混ざらずにひとつの卵殻内に共存する奇跡的な食材です。その卵黄と卵白をそれぞれ分けたり、または分けずに混合することでいろいろな料理に使うことができます。

海外で恐れられる日本独特の「卵かけごはん」のような卵の生食を始め、ゆで卵のように混合しない卵白と卵黄の料理、卵焼きのように卵白と卵黄を混合した料理、卵白を泡立てたメレンゲのお菓子、卵黄だけを使ったカスタードなど、卵白と卵黄の組み合わせによって幅広いレパートリーの料理に応用できます。

卵の性質は、温度、攪拌などの操作や材質、熱源の違いなどの調理道具によって大きく変化します。さらに、産卵直後から卵の成分も刻一刻と変化しています。卵の三大調理特性である「熱凝固性」、「起泡性」、「乳化性」は、卵に含まれる成分の変化、とくにタンパク質の構造変化が大きく関係しています。

加熱によって固まる

卵は、物理的な要因の中でも「熱」によって劇的に変化します。殻付き卵であれば、生卵、温泉卵、半熟卵、固ゆで卵の形状を想像してもらえばわかりやすでしょう。加熱によって卵白と卵黄が固まるのは、タンパク質が熱によって「変性」するためです。

卵白は加熱による変性によって、「ゲル化」や「凝集」を起こします。ゲル化は第3章で見たようにタンパク質分子が球状の分子構造を保ちつつ、部分的に弱く集まって三次元の網目状構造を形成し、この中に〝水が固定される〟状態のことです。一方、凝集はタンパク質分子が〝水を排出しながら〟強固に結合している状態のことをいいます。

卵白にはいろいろなタンパク質が混在しています。卵のタンパク質の名前には、「卵の」という意味の接頭語であるオボ（ovo）が付くものが多く、それらが熱変性する温度はそれぞれ異なっています。オボアルブミン（卵白タンパク質全体の五四％）は七八℃、オボトランスフェリン（一二％）は六一℃、オボムコイド（一一％）は七七℃で固まります。卵白のゲル化は、卵白タンパク質の半分以上を占めているオボアルブミンが大きく影響しています。

卵白のゲル化は、六〇℃前後で熱変性温度の低いオボトランスフェリンがまず固まり始めますが、とろとろですぐには凝固しません。七〇℃では白濁しますが形が保てず、温泉卵の白身の状態です。流動性が失われるには、ほとんどの卵白タンパク質が熱変性する八〇℃以上の加熱が必要で、そのとき卵白は固ゆで卵の状態になります。

一方、卵黄の熱によるゲル化は、低密度リポタンパク質（ＬＤＬ）の関与が大きいとされています。卵黄は六五℃前後で凝固し始めて流動性を失いますが、七〇℃では卵白と異なり、形を保持し、ねっとりとした温泉卵の状態で固まります。そして八五℃以上では殻付きのまま加熱すると卵黄全体が粉状に凝固します。

このような卵白と卵黄の熱に対する挙動が大きく異なることが、卵料理の食感のバリエーションを生み出しているといえます。

泡立てると空気を含む

卵白タンパク質は、熱だけでなくかき混ぜることによる物理的な刺激によっても変性が起こり、「泡」を形成します。熱凝固性と同様に卵白タンパク質の種類ごとに起泡性は異なります。起泡性が大きいタンパク質としてオボトランスフェリンが知られており、メジャーなタンパク質であるオボアルブミンの起泡力はあまり大きくありません。

卵白タンパク質はほとんどが水溶性であるため、未処理の状態のタンパク質分子は疎水性領域を内側に親水性領域を外側にして、コンパクトな状態で折りたたまれています。卵白を泡立てるとタンパク質の疎水性領域が表面に露出し、空気を取り囲み気泡ができます。泡立て続けるとその気泡は小さくなり、タンパク質の固体膜でしっかり囲まれ安定化した泡となります。しかし、過剰に泡立てるとタンパク質どうしの結合力が強まりすぎて、タンパク質間に存在していた水を搾り出してしまい、その結果、泡の安定性が低下することがわかっています。卵白を泡立てすぎたメレンゲが、離水するのはこのためです。

フランスでは昔から卵の泡立てに「銅製のボウル」が使われていました。この銅ボウルでメレンゲをつくると、ステンレス製のボウルでつくったものと比べてツヤツヤになることが経験的に知られていました。このメカニズムを調べた結果、銅鍋からしみ出る銅が卵白タンパク質と結合することで泡の安定性を向上させていることが明らかとなっています。

水と油の仲介役となる

卵白、卵黄どちらも乳化性を持っていますが、卵黄の乳化安定性は卵白と比べてきわめて優れています。卵黄は、「水の中に油を浮かばせる」いわゆる「水中油滴型（O／W型）」の乳化剤で、この卵黄の乳化性に関する主要な成分は、従来レシチンによるものと考えられていました。しかし現在では、レシチンを含むLDLとする説が強くなっています。

卵黄の乳化性を利用した代表的な食べものがマヨネーズです。とくに日本のマヨネーズは世界的に見ても非常においしいことで有名です。日本のマヨネーズをつくっている会社の方に聞いた話によると、マヨネーズは製造直後のフレッシュなものよりも、しばらく置いたほうが断然おいしいそうです。おそらく、時間の経過によって卵のタンパク質が分解され、うま味を持つアミノ酸が増えるからでしょう。

オムレツ・サイエンス

ほとんどの卵料理の基本原理には、卵の熱凝固性、起泡性、乳化性という特性が多かれ少なかれ関与しています。卵料理の代表格である「オムレツ」ももちろんそうです。

プレーンオムレツの基本的なつくり方は、卵を割り、卵白と卵黄を多少泡立つ程度にほぐし、塩コショウで味付けをします。フライパンを熱し、バターを入れ、バターが色づき始めた頃に液卵を入れます。加熱バターの香りと加熱によって生じる香気成分は、オムレツのおいしさに不可欠な存在です。また、バターは、卵にうま味を加え、ツヤを出し、ソフトに仕上げるのにも必須です。

加熱の初期段階では、フライパンを回しながら全体をかき混ぜて、半熟状態にします。さらにフライパンの奥にまとめ、部分的な熱変性によるやわらかいゲルを形成させ、ゲルを結着させるように一つにまとめます。火力は強火で、約数十秒間のハイスピードで焼き上げます。そのため加熱調理中、一瞬の気の迷いも許されません。卵が温度にとても敏感な素材であり、微妙な加熱の温度や時間の違いによって、食感だけでなく風味まで変わってしまうからです。外側の食欲をそそるうっすらとした焼き目と、内側のトロトロの半熟状態は、卵の「熱凝固性」や「乳化性」によるものです。

また、あらかじめ卵の攪拌回数を多くした、ふわっと感の強いオムレツも人気があります。これにはもちろん卵白の「起泡性」が関与しています。また割りほぐした卵に炭酸水を少量加えることで炭酸が卵の中ではじけ、そこに泡ができることによってオムレツを簡単にふわふわにする方法もあります。ふわっと化には余念がありません。

◉分子調理法による「超オムレツ」の可能性

「超オムレツ」の設計図

よいオムレツの条件といわれているのは、オーバルクッションと表現されるふっくらとした「紡錘型の形」、表面の淡い「焼き目」、切っても中から汁が出ない絶妙な「半熟状態」の三点です。

「オムレツ＝紡錘形」なのは、それを焼くフライパンの丸い形状によるものです。半熟状態の卵をふっくらとひとつにまとめ、フライパンの縁の丸みを利用しながら形を整えていくと必然的にあの形になります。

従来のオムレツを超えた「超オムレツ」を考えるとき、紡錘形ではない別の形の可能性を模索したくなります。また、外側は卵とバターがうまく融合し、ツヤのあるきめ細やかな黄金色の焼き目と幸福感漂う香りの存在は不可欠です。問題は内側の半熟状態のコントロールです。

卵を構成するタンパク質はそれぞれ固まる温度が異なるので、半熟状態で仕上げると固まってゲル化したタンパク質とともに液状のタンパク質も共存し、これが切ったときの液体流出の原因となっています。つまり、分子レベルで見れば、必ずタンパク質分子間の「加熱ムラ」が生じるのです。これらの課題を分子調理法で乗り越えた空想上の「超オムレツ」の可能性を考えてみます。

卵の成分を分解・合成する

オムレツの半熟状態を自在に操ることができ、さらに従来のオムレツよりもトロトロ感の強いものができれば理想です。《エル・ブリ》のフェラン・アドリア氏が始めた「脱構築」という食材の分解と合成という概念を「超オムレツ」づくりに反映させてみましょう。

熱凝固性、起泡性、乳化性などを実験で調べる際、卵白、卵黄を構成する成分をそれぞれ単離して、各成分単独の機能を調べる研究が報告されていることは前に述べました。同じような手法で、分離した鶏卵の各成分の割合を変えて〝再合成〟したオムレツをつくるのはどうでしょうか。人がもっともおいしく感じるオムレツの分子組成を検証するという「構築型のアプローチ」です。これによって、ゲル化、起泡性、乳化性などが理

想的な最適値になる条件を実験によって導き出すのです

当然、食品成分を分離する操作は、食品添加物などを混ぜることよりもはるかに大変でコストがかかります。しかし、さまざまなセパレーション技術が食品産業界で開発されています。たとえば、卵黄成分は「超遠心分離器」を使って比較的簡単に上澄みの「プラズマ」と沈殿の「顆粒」という性格の異なる成分に分けることができます。プラズマには脂質が約四一%、タンパク質が約九%と脂質が多いのに対し、顆粒には脂質が約一九%、タンパク質が約三四%とタンパク質が優勢になっています。したがって、「もともとの卵成分だけを使い、その割合を変える」という「卵成分一〇〇%」のしばりがあっても、卵の泡立ちや乳化性を変え、オムレツを変幻自在な形につくることはおそらく可能でしょう。科学実験同様の試行錯誤によって、誰も見たことのないプレーンオムレツが登場するかもしれません。

「無重力調理法」がオムレツの概念を変える

いきなりですが、人類の宇宙への夢は尽きないものです。現在、期待度の大きい宇宙分野の夢は、やはり「火星有人探査計画」でしょう。火星への有人探査には、最低二、三年の期間は必要とされています。そうなると、これまでの「宇宙食」では不十分で、長い無重力環境では骨と筋肉の損失の恐れがあり、またストレスフルな閉鎖空間で、飽きずにおいしく栄養がある宇宙食を食べ続けるには、「宇宙飛行士が料理すること」が重要になると考えてられています。

「無重力でオムレツをつくる」とどうなるのでしょうか。無重力空間に水を放つと、水は表面張力によって表面積を小さくしようとするために〝完全な球〟になります。殻を割った液体の卵も無重力に置いておくだけで完全な球状となるでしょう。さらに、宇宙空間では水と油が分離しません。一九七三年に、宇宙ステーションである「スカイラブ」で水と油を混ぜるドレッシングの実験が行われ、地上では一〇秒程度で分離した水と油が、宇宙では一〇時間たってもまったく分離しませんでした。水も油も細かい粒になったまま均一に分散するため、卵白と卵黄の成分も地上ではありえない状態で混ざり合うでしょう。宇宙空間で完全に混合されて完全に丸くなった卵に何らかの方法で全方向からまんべんなく加熱することができれば、乳化状態が尋常ではない、誰も見たことのないとろっとろのオムレツができるのではないかと思います。

もちろん地上に持ち帰ったら重力でつぶれてしまうので、つくるのも食べるのも無重力空間限定の料理です。宇宙レ

ストランで「スペースオムレツ」が郷土料理のようなものになるかもしれません。そのうち、宇宙飛行士のトレーニング項目に、宇宙向けの「料理教室」が必修科目になる可能性もあるでしょう。

コラム15　3Dフードプリンタ　その3
～食材をプリントアウトするとき、見えてくる調理の意義～

多くの大学や研究所では、現在3Dプリンタを用いてヒトの「臓器」や「生物組織」をつくる試みがなされています。このような技術とiPS細胞などの幹細胞研究の進展によって、将来的には、特定の患者に合わせて拒絶反応の起きない人工臓器が登場する可能性があります。

生体組織をつくることができるのであれば、食材となる植物や動物の組織も3Dフードプリンタからつくることは技術的に可能でしょう。コラム13で述べた人工培養肉の研究のように、その生産効率に関しても真剣に検討されています。コスト的なものも含めて課題は多いですが、3Dフードプリンタは調理だけでなく、その前の食料生産も一変させる可能性があります。実現すれば食品産業の構造は大きく変化するでしょう。

「3Dフードプリンタでつくった料理？　そんなもの食えるか！」

「機械が料理をつくるって聞いただけで、なんかおいしそうじゃない」

　これまでの伝統的な調理法、伝統的な料理に親しんだ人なら誰しもそう思うでしょう。私たちにとって、どんなに調理プロセスが発達したとしても、家族が真心を込めてつくった料理にかなうものはありません。しかし、一部の家庭ではすでに、スーパーマーケットやコンビニエンスストアで買ってきた惣菜、カップ麺などの加工食品が〝常食〟となっている現状があります。生まれたときから3Dフードプリンタでつくられた料理を食べていれば、何の疑いもなくそれが「家庭の味」となるでしょう。「昔の常識は、今の非常識」となるように「今の非常識が、未来の常識」となるかもしれません。

　一九七三年に、『ソイレント・グリーン』という、人口増加によって食糧不足にあえぐ二〇二二年の未来世界で、人間を原料に合成食品がつくられるというSF映画が公開されました。その映画とは直接関係はないのでしょうが、人間に必要な栄養素を配合したという粉末状の食品「ソイレント」がアメリカのソイレント・コーポレーションによって開発されています。水に溶かして乳白色のシェイクとして食べるというものです。食事や調理の時間短縮、生産コストや輸送コストの軽減という効果もあり、食糧問題解決にもつながることが期待されていますが、顎の咀嚼機能の低下、消化器官の機能低下、食べる楽しみの減退などが懸念されています。

現代人は、グルメ情報に異常に関心を示す人と食事にまったく無頓着な人の両極端に分かれている傾向が見受けられます。「食べるのがめんどくさい」という人にとって、簡単に栄養が摂れるというソイレントは理想的な食事なのかもしれません。このような食の二極化の背景には、食の提供形態が多様化し、自分で調理しなくても食べものが入手できるという環境の変化があるのでしょう。贅を尽くした料理、コンビニなどで簡単に入手できる食べものなど、さまざまな食の選択肢が私たちの眼の前に広げられています。現代が情報過多時代であることが、脳内で情報をたくさん貯めこんで処理する人とバッサリと情報を切り捨てる人の両極化に影響しているかもしれません。

人が生きているうちは、ものを食べなければ生命活動を維持するのは当然難しいですが、料理をつくるという作業は、必ずしも自分で行う必要はなく、ほかの人もしくは3Dプリンタでもいいと考える人は今後確実に増えていくでしょう。人が手を使って料理をつくること自体がある種趣味化している現代、自分で料理をつくる意義、調理の意義とはいったい何でしょうか。

分子生物学の分野に、遺伝子の「ノックアウト」という実験技術があります。マウスなどの実験動物の遺伝子を破壊して無効化してしまうことです。その生体に備わっている遺伝子の機能を調べるとき、遺伝子の働きを増強して調べるよりも、遺伝子を潰してしまったほうが、結果がより明快になります。遺伝子を「足し算」ではなく、「引き算」で調べるという原理です。もともと持っている遺伝子は、体の中で当たり前に働いているため通常その機能は認識できません。それと同じように、人類がこれまで当たり前に行ってきた調理の意義や重要性も今の私たちには見えにくいものです。

3Dフードプリンタなどによって食品が自動的にプリントされ、人の手による調理という行いが社会からノックアウトされるようになると、調理がこれまで担っていた社会的意義や文化的意義などが今よりリアルに浮かび上がってくるでしょう。科学ではわからない「調理の重要性」が、3Dフードプリンタなどによる人の手以外の調理によってより鮮明にあぶり出されるかもしれません。

おわりに

二〇一一年三月一一日に起きた東日本大震災の直後、私の住む仙台市には上空から複数のヘリコプターの爆音が降り注ぎ、地上では救急車のサイレンが絶えず鳴り響いていました。

次第に震災被害の情報が入るようになり、東北の沿岸部が津波で壊滅的であること、実家の福島にある原発が危険な状態にあることなどがわかり、普段食い意地の張っている男の食欲は消え失せました。しかし、食べておかないと今後の自分が持たない状態になるのは目に見えていたので、とにかく口の中にものを押し込んでいました。

そんな状態でも、壊れた水道管から汲んできた水をカセットコンロとアウトドア用の小さなポットを使って温めた餅やパスタなどで高ぶる気持ちは鎮まり、春雨スープの素のうま味成分である「グルタミン酸」で気持ちがいくらか和みました。温かくして食べるものは一℃でも温かくし、うま味成分は一マイクログラムでも多いものを必死に求めていた自分がそこにはいました。

震災後は、「おいしい料理」を切に欲していました。それは決して特別なごちそうではなく、普段の食べ慣れた平凡な食事、「温かいごはんと味噌汁、そして焼き魚を食卓でリラックスして食べたい」、ただそれだけでした。おいしいもので、その日の疲れをほぐし、明日への希望や頑張る気持ちを奮い立たせたかったのです。おいしい料理は、気分を落ち着かせるのに必要な「マストアイテム」です。未来への希望を生み出すエネルギー源です。

私は、分子レベルの食品学と栄養学を専門としていますが、分子レベルの料理の「ガストロノミー（美食学）」の研究をずっと趣味的に行っていました。趣味的だったのは、美食がグルメを想像させ、贅沢とか金持ちの道楽のようないわば〝負い目〟を感じていたからです。しかし、震災後、おいしい食べもの、おいしい料理を研究することは、けっして贅沢や道楽などではなく、人間が人間らしくやさしく生きるのにきわめて大切であることを身をもって学びました。その点で、私の「ガストロノミー」という言葉への感じ方が、３・11前後で変わったといえます。

また、東京電力福島第一原発の事故で、科学者の社会的責任が問われました。震災時、私は食の研究者でありながら、それまでの自分の研究が何の役にも立ちませんでした。震災時に心身とも弱った方や高齢者の方、これからの未来を担う子供たちにどのようなおいしい料理や飽きのこない食事を用意すればよいか、研究する必要性を感じています。

「二二世紀の料理」がこれからどのように発展し、さらに、その先の未来の「二二世紀の料理」はどのようなものになるのでしょうか。想像するだけで、胸が高鳴ります。この料理へのワクワク・ドキドキ感は、昔よりも今のほうが未来をよりクリアーに見とおせるぶん、子供時代よりも強まっている気がします。

分子レベルでおいしい料理の秘密を探り、よりおいしい料理を開発する「分子調理」の研究を行い、「一マイクロでもおいしいもの」をひとりでも多くの人に届けることができたらと思っています。分子調理に興味を持ち、この分野に参加してくださる人が増えることを願っています。

最後に、この本を執筆する機会を与えてくださった、株式会社化学同人の津留貴彰さんに心から感謝申しあげます。執筆の依頼をいただいたのは、東日本大震災から数カ月後のことでした。いろいろな仕事に忙殺される中で、なかなか筆が進まない状況でも励ましの言葉をかけ続けていただきました。深くお礼を申しあげます。

また、この本の絵を描いてくれた妻繭子にも感謝します。ありがとう。

二〇一四年三月

石川　伸一

文庫版あとがき

この本は、調理に関する現象を分子レベルで理解するサイエンス（分子調理学）と、分子レベルに基づいた新しい料理をつくるテクノロジー（分子調理法）を主軸に書いたものです。この「分子調理」が本質的にめざしているのは、料理をよりおいしくしたり、新しさを加えたりして、人が「おいしいと感じるときの幸福感」に貢献することです。

「なぜ私たちは、おいしい料理に魅了されるのか？」という問いに対して、とくに科学の面から迫り、その科学によって「おいしさのメカニズム」を説明する重要性を感じていた頃に、一冊の本としてまとめる機会をいただきました。そして、出版後の年月を経て今日まで、おいしさにおける科学の需要は一段と高まり続けています。

洗練されたレストランでの食事はとても魅力的に見えますが、どこに魅力が潜んでいるのでしょうか。清潔で美しい空間、調和のとれた場の雰囲気。テーブルは料理が映えるようにセッティングされ、店員の優れた動きよって鮮やかに盛りつけられた料理が運ばれてきます。料理を口にすると、味や香り、舌触りや口どけなどの食感などに得も言われぬ幸福感を感じます。

自然科学的な視点から、料理のおいしさを調べるとき、影響を与えている風味や食感に関係する成分、受信器であるヒトの五感のはたらきや脳の活性部位などは、測定によりその一端を明らかにすることができます。魅力的な料理には、この本にあるように、その料理の味や香り、テクスチャーといった科学的側面のおいしさがあるのはもちろんですが、それに加えて、料理のつくり手たちの気配りなどに対する食べ手の「感情」も、より高次的なおいしさの要因でしょう。

同じサラダの材料であっても、きれいに盛りつければよりおいしく感じたり、反対に盛りつける皿がひどく汚れていればおいしさが減退したりします。幸福感を感じる料理は、私たちの感性に訴えてきます。おいしさについて考えていると、自然科学で説明できる「理性」だけでなく、「感性」でもおいしいと感じていることを思い返すのではないでしょうか。

料理においしさを感じているときの感覚は、絵画や音楽などの芸術作品を鑑賞しているときの感覚と似ている部分があります。一七世紀のイギリスの神学者ロバート・バートンは、『メランコリー（憂鬱）の解剖学』の中で「料理は芸術であり、かつ高尚な科学である」と語っています。実際、「芸術／感性」と「科学／理性」は、おいしさの両輪であると言えるでしょう。

そして、「料理が芸術である」なら、芸術とはそもそも何か、芸術で心が動くのはなぜか、心地良いと感じるのはなぜかなどの視点を持つことが、料理の芸術面について深く理解するために必要でしょう。また、料理は総合芸術的な性質があるため、絵画や音楽などの分野で研究されてきた芸術の美学などを頼りにしていくことで、料理のおいしさの感性面の理解に迫ることができるのではないかと考えられます。

これからＡＩ（人工知能）やロボットなどのテクノロジーによって、人がなかなかつくることができない料理や、個人の大事な思い出を刺激するような料理は、簡単につくり出されるようになるでしょう。しかし、つくり手がロボットであろうと人間であろうと、食べ手の感情を少なからず揺さぶることができなければ、食べる人が「おいしさの幸福感」を得るのは難しいのではないでしょうか。これからのつくり手がもっとも注力すべきところは、食べ手の感動がどこからやってくるのかの理解かもしれません。

おいしさとは、複合的な要素の集まりです。「人がなぜおいしさを求めるのか」という謎をひもとくには、さまざまな科学の分野の融合、さらに新たな考え方などが必要です。そのひとつが、美学をはじめとした哲学的な視点から情動、感情、感性とおいしさの関係を考えることではないかと思っています。それには、いろいろなジャンルの方々と、より広く「おいしい出会い」をすることが必要です。もう片方の車輪である感性的な視点を探究し、料理の「おいしい」を解き明かすための新たな旅への準備を始めたいと思います。

二〇二一年四月

石川　伸一

矢野俊正，川端晶子（1996）．『調理工学』，建帛社．

第5章 「おいしすぎる料理」の科学

TIME. com. “What Tastes Good in Outer Space? Cooking for Mars-Bound Travelers”, http://healthland.time.com/2012/07/11/what-tastes-good-in-outer-space-cooking-for-mars-bound-travelers/?iid＝hl-main-mostpop1
『おいしさの科学』企画委員会　編（2011）．『おいしさの科学シリーズ Vol. 1「食品のテクスチャー―ニッポンの食はねばりにあり。」』，エヌ・ティー・エス．
沖谷明紘　編（1996）．『肉の科学』，朝倉書店．
下村道子，橋本慶子　編（1993）．『動物性食品』，朝倉書店．
宮崎駿監督（2002）．『千と千尋の神隠し』，ブエナ・ビスタ・ホーム・エンターテイメント．
細野明義，吉川正明，八田一，沖谷明紘　編（2007）．『畜産食品の事典』，朝倉書店．
山口修一，山路達也（2012）．『インクジェット時代がきた！―液晶テレビも骨も作れる驚異の技術』，光文社．
清水恵太，藤村忍，石橋晃（1997）．「卵のおいしさ（2）」，『畜産の研究』，**51**（3），40-2.
石谷孝佑，大坪研一　編（1995）．『米の科学』，朝倉書店．
中村良　編（1998）．『卵の科学』，朝倉書店．
渡邊乾二　編（2008）．『食卵の科学と機能―発展的利用とその課題』，アイケイコーポレーション．
島田淳子，下村道子　編（1994）．『植物性食品 I』，朝倉書店．
伏木亨（2005）．『コクと旨味の秘密』，新潮社．
福地健太郎，富山彰史，城一裕（2011）．“Laser-Cooking：レーザーカッターを用いた自動調理法の開発”，情報処理学会研究報告．HCI，ヒューマンコンピュータインタラクション研究会報告，**2011-HCI-144**（19），1-6.

imposes tradeoff between body size and number of brain neurons in human evolution. *Proc. Natl. Acad. Sci. USA,* **109**(**45**), 18571-6.

Modernist Cuisine Blog. "5 Additional Uses for Your Baking Steel", http://modernistcuisine.com/2013/04/five-additional-uses-for-your-baking-steel/

PolyScience. "The Anti-Griddle® Inspired by Chef Grant Achatz", http://cuisinetechnology.com/the-anti-griddle.php

Sharp Europe. "Sharp intern and design team give unhealthy cooking the chop", http://www.sharp.eu/cps/rde/xchg/eu/hs.xsl/-/html/sharp-intern-and-design-team-give-unhealthy-cooking-the-chop.htm

The Royal Society. "Royal Society names refrigeration, pasteurisation and canning as greatest three inventions in the history of food and drink", http://royalsociety.org/news/2012/top-20-food-innovations/

インターネットコム. "包丁を使えるタブレット？ータッチスクリーン搭載の "まな板" が登場", http://japan.internet.com/webtech/20131028/3.html

スティーヴン・オッペンハイマー (2007). 『人類の足跡 10 万年全史』(仲村明子 訳), 草思社.

ナショナルジオグラフィック. "ヒトの脳は加熱調理で進化した?", http://www.nationalgeographic.co.jp/news/news_article.php?file_id=20121031002

ロバート・L. ウォルク (2013). 『料理の科学一素朴な疑問に答えます〈2〉』(ハーパー保子　訳), 楽工社.

一色賢司 (2013). 『生食のおいしさとリスク』, エヌ・ティー・エス.

山本和貴 (2009). 「高圧力を活用した食品加工その 1 総論」, 『日本調理科学会誌』, 42 (6), 417-23.

山本和貴 (2010). 「高圧力を活用した食品加工その 2 動向」, 『日本調理科学会誌』, 43 (1), 44-9.

重松亨, 西海理之 (2013). 『進化する食品高圧加工技術一基礎から最新の応用事例まで』, エヌ・ティー・エス.

青木三恵子　編 (2011). 『調理学』, 化学同人.

辻調理師専門学校　編 (2000). 『料理をおいしくする包丁の使い方一野菜と魚介のうまみを引き出す切り方・さばき方』, ナツメ社.

畑江敬子, 香西みどり　編 (2011). 『調理学』, 東京化学同人.

畑江敬子 (2005). 『さしみの科学一おいしさのひみつ』, 成山堂書店.

肥後温子 (1989). 『電子レンジ「こつ」の科学一使い方の疑問に答える』, 柴田書店.

木戸詔子, 池田ひろ　編 (2010). 『食べ物と健康〈4〉 調理学 (第 2 版)』, 化学同人.

櫻井武（2012）.『食欲の科学』，講談社.

第 3 章　「おいしい料理」の科学

Ahn, Y. Y., Ahnert, S. E., Bagrow, J. P. and Barabási, A. L. (2011). Flavor network and the principles of food pairing. *Sci. Rep.*, **1**(**196**), 1-21.
Edwards, D. (2010). *The Lab: Creativity and Culture*, Harvard University Press.
Drahl, C. (2012). Molecular Gastronomy Cooks Up Strange Plate-Fellows. *Chemical & Engineering News*, **90**(**25**), 37-40.
Chartier, F. (2012). *Taste Buds and Molecules: The Art and Science of Food, Wine, and Flavor*, Houghton Mifflin Harcourt.
マギー（2008）.『キッチンサイエンス―食材から食卓まで』(香西みどり　監修，北山薫，北山雅彦　訳)，共立出版.
Perkel, J. M. (2012). The new molecular gastronomy, or, a gustatory tour of network analysis. *Biotechniques*, **53**(**1**), 19-22.
久保田紀久枝，森光康次郎　編（2011）.『食品学―食品成分と機能性』，東京化学同人.
久保田昌治，佐野洋，石谷孝佑（2008）.『食品と水』，光琳.
『考える人』2011 年 11 月号，「特集　考える料理」，新潮社.
清水純夫，牧野正義，角田一（2004）.『食品と香り』，光琳.
村勢則郎，佐藤清隆　編（2000）.『食品とガラス化・結晶化技術』，サイエンスフォーラム.
長谷川香料株式会社（2013）.『香料の科学』，講談社サイエンティフィック.
白澤卓二，大越ひろ，渡邊昌　監修（2012）.『高齢者用食品の開発と展望』，シーエムシー出版.
片山脩，田島真（2003）.『食品と色』，光琳.
本間清一，村田容常　編（2011）.『食品加工貯蔵学』，東京化学同人.

第 4 章　「おいしい料理をつくる」の科学

AFPBB News. “「分子料理法」実験で爆発，ドイツのシェフ両手失う”，http://www.afpbb.com/articles/-/2621179
Carmody, R. N., Weintraub, G. S. and Wrangham, R. W. (2011). Energetic consequences of thermal and nonthermal food processing. *Proc. Natl. Acad. Sci. USA*, **108**(**48**), 19199-203.
Fonseca-Azevedo, K. and Herculano-Houzel, S. (2012). Metabolic constraint

Ishiguro. M. (2012). Characterization of the modes of binding between human sweet taste receptor and low-molecular-weight sweet compounds. *PLoS One,* **7**(4), e35380.

Mouritsen, O. G. and Khandelia, H. (2012). Molecular mechanism of the allosteric enhancement of the umami taste sensation". *FEBS J.,* **279**(17), 3112-20.

Shallenberger, R. S. (1994). *Taste Chemistry,* Springer.

Shallenberger, R. S. and Acree, T. E. (1967). Molecular theory of sweet taste. *Nature,* **216**(5114), 480-2.

Shallenberger, R. S. (1978). Intrinsic chemistry of fructose. *Pure Appi. Chem.,* **50**(11-12), l409-20.

Zhang, F., Klebansky, B., Fine, R. M., Xu, H., Pronin, A., Liu, H., Tachdjian, C. and Li, X. (2008). Molecular mechanism for the umami taste synergism. *Proc. Natl. Acad. Sci. USA,* **105**(52), 20930-4.

『おいしさの科学』企画委員会　編（2012).『おいしさの科学シリーズ Vol. 3「トウガラシの戦略―辛味スパイスのちから」』, エヌ・ティー・エス.

古賀良彦ほか（2013).『嗅覚と匂い・香りの産業利用最前線』, エヌ・ティー・エス.

今田純雄　編（2005).『食べることの心理学―食べる, 食べない, 好き, 嫌い』, 有斐閣.

三坂巧（2012).「人工甘味料―甘味受容体間における相互作用メカニズムの解明」,『化学と生物』, 50（12), 859-61.

山本隆（1996).『脳と味覚』, 共立出版.

山本隆（2001).『美味の構造―なぜ「おいしい」のか』, 講談社.

山野善正　監修（2011).『進化する食品テクスチャー研究』, エヌ・ティー・エス.

森憲作（2010).『脳のなかの匂い地図』, PHP 研究所.

川端晶子（2003).『食品とテクスチャー』, 光琳.

日下部裕子, 和田有史　編（2011).『味わいの認知科学―舌の先から脳の向こうまで』, 勁草書房.

日本味と匂学会　編（2004).『味のなんでも小事典―甘いものはなぜ別腹？』, 講談社.

畑中三応子（2013).『ファッションフード, あります。―はやりの食べ物クロニクル 1970-2010』, 紀伊國屋書店.

伏木亨（2005).『人間は脳で食べている』, 筑摩書房.

伏木亨（2008).『味覚と嗜好のサイエンス』, 丸善.

央公論新社.
エルヴェ・ティス（2008).『フランス料理の「なぞ」を解く』(須山泰秀，遠田敬子　訳)，柴田書店.
エルヴェ・ティス（1999).『フランス料理の「なぜ」に答える』(須山泰秀　訳)，柴田書店.
ゲレオン・ヴェツェル監督（2012).『エル・ブリの秘密—世界一予約のとれないレストラン』，角川書店.
フェラン・アドリア，ジュリ・ソレル，アルベルト・アドリア（2009).『エル・ブリの一日—アイデア，創作メソッド，創造性の秘密』(清宮真理，小松伸子，斎藤唯，武部好子　訳)，ファイドン.
葛西隆則，石掛恵理，大石はるか，長勢朝美，細川尚子（2011).「「分子料理学〔美食学〕」(“Molecular Gastronomy”）の盛衰とシェフ達による新しい働き」.『藤女子大学紀要』，**48**（第Ⅱ部)，35-41.
坂東省次　著・編集（2013).『現代スペインを知るための60章』，明石書店.
山本益博（2002).『エル・ブリ　想像もつかない味』，光文社.
村上陽一郎（1999).『科学・技術と社会—文・理を越える新しい科学・技術論』，光村教育図書.
田村真八郎，安本教伝，勝田啓子，池田清和，川端晶子，山本愛二郎，田村咲江（1997).『食品調理機能学』，建帛社.
渡辺万里　著，フェラン・アドリア　監修（2000).『エル・ブジ至極のレシピ集—世界を席巻するスペイン料理界の至宝』，日本文芸社.
日本料理アカデミー．“日本農芸化学会2012「拡大サイエンスカフェ」実施報告”，http://culinary-academy.jp/system/wp-content/uploads/labo.pdf?phpMyAdmin=QQ4u-DU0RUw8NV6VdfTloKDhaS7

第2章　「料理をおいしく感じる」の科学

Hawkes, C. H. and Doty, R. L. (2009). *The neurology of olfaction*, Cambridge University Press.
ゴードン・M・シェファード（2014).『美味しさの脳科学—においが味わいを決めている』(小松淳子　訳）インターシフト.
Robyt, J. F. (1997). *Essentials of Carbohydrate Chemistry*, Springer.
Kier, L. B. (1972). A molecular theory of sweet taste. *J. Pharm. Sci.*, **61**(9), 1394-7.
Masuda, K., Koizumi, A., Nakajima, K., Tanaka, T., Abe, K., Misaka, T. and

参考図書，文献およびウェブサイト

第 1 章 「料理と科学」の出会いの歴史

『BRUTUS』2005 年 5 /15 号，「特集：あなたにも作れます！ 21 世紀料理教室！」，マガジンハウス.

Barham, P., Skibsted, L. H., Bredie, W. L., Frøst, M. B., Møller, P., Risbo, J., Snitkjaer, P. and Mortensen, L. M. (2010). Molecular gastronomy: a new emerging scientific discipline. *Chem. Rev.*, **110**(4), 2313-65.

Harvard School of Engineering and Applied Sciences. “Science and Cooking” http://www.seas.harvard.edu/cooking/

This, H. (2009). Twenty Years of Molecular Gastronomy.『日本調理学会誌』, **42** (2), 79-85.

This, H. (2007). *Kitchen Mysteries: Revealing the Science of Cooking*, Columbia University Press.

This, H. (2008). *Molecular Gastronomy: Exploring the Science of Flavor*, Columbia University Press.

This, H. (2009). *Building a Meal: From Molecular Gastronomy to Culinary Constructivism*, Columbia University Press.

Blumenthal, H. (2009). *The Fat Duck Cookbook*, Bloomsbury Publishing.

Humphries, C. (2012). “Cooking: delicious science”, *Nature*, **486**(7403), S10-1.

Jeff Potter (2011).『Cooking for Geeks：料理の科学と実践レシピ』(水原文 訳)，オライリージャパン.

Myhrvold, N., Young, C. and Bilet, M. (2011). *Modernist Cuisine: The Art and Science of Cooking*, Cooking Lab.

Lister, T. and Blumenthal, H. (2005). *Kitchen Chemistry*, Osborne, C. (ed), Royal Society of Chemistry.

The Observer. “‘Molecular gastronomy is dead.’ Heston speaks out”, http://observer.theguardian.com/foodmonthly/futureoffood/story/0,,1969722,00.html

The Observer. “Statement on the ‘new cookery’”, http://www.theguardian.com/uk/2006/dec/10/foodanddrink.obsfoodmonthly

エルヴェ・ティス，ピエール・ガニェール (2008).『料理革命』(伊藤文 訳)，中本書は、二〇一四年六月に刊行された『料理と科学のおいしい出会い――分子調理が食の常識を変える』（DOJIN選書）を文庫化したものです。

石川伸一　いしかわ・しんいち
福島県生まれ。東北大学大学院農学研究科修了。北里大学助手・講師、カナダ・ゲルフ大学客員研究員（日本学術振興会海外特別研究員）などを経て、現在、宮城大学食産業学群教授。専門は、分子調理学。
著書に『「食べること」の進化史』、『分子調理の日本食』、共訳書に『The Kitchen as Laboratory』、『食感をめぐるサイエンス』、監修書に『食の科学』、『フードペアリング大全』などがある。
関心は、食の「アート × サイエンス × デザイン × テクノロジー」。

DOJIN
BUNKO

料理《りょうり》と科学《かがく》のおいしい出会《であ》い
分子調理《ぶんしちょうり》が食《しょく》の常識《じょうしき》を変《か》える

2021 年 7 月 25 日第 1 刷発行

著者　石川伸一
発行者　曽根良介
発行所　株式会社化学同人
600-8074　京都市下京区仏光寺通柳馬場西入ル
電話　075-352-3373(営業部)／075-352-3711(編集部)
振替　01010-7-5702
https://www.kagakudojin.co.jp　webmaster@kagakudojin.co.jp
装幀　BAUMDORF・木村由久
印刷・製本　創栄図書印刷株式会社

　ISBN978-4-7598-2502-2